核心問題
開啟學生理解之門

ESSENTIAL QUESTIONS
Opening Doors to Student Understanding

Jay McTighe & Grant Wiggins 著

侯秋玲、吳敏而 譯

ESSENTIAL QUESTIONS

Opening Doors to Student Understanding

JAY MCTIGHE ■ GRANT WIGGINS

目　　次
Contents

作 者 簡 介
Authors

▍Jay McTighe

　　Jay McTighe 擁有充實多元的教育生涯，從中發展出一身豐富的經驗。他目前是馬里蘭州評量協會（Maryland Assessment Consortium）主任，該協會是州立的學區合作組織，共同發展和分享形成性實作評量做法。在此職位之前，他參與馬里蘭州教育廳的學校改進計畫，負責指導教學架構（Instructional Framework），發展出一個教學多媒體資料庫。Jay 廣為人知的是他在思考技能方面的研究，曾經統籌全州各學區協力發展教學策略、課程模式和評量程序，以促進學生思考品質的提升。除了州層級的工作以外，他也做過學區層級的工作，在馬里蘭州的喬治王子郡（Prince George's County）擔任班級教師、教學資源專家和計畫主持人，也曾擔任州立資優學生教育中心主任，負責指導暑期住宿式充實課程計畫。

　　Jay 是很有成就的作家，曾與其他人合作出版十本著作，其中最有名的暢銷書就是和 Grant Wiggins 合著的「重理解的課程設計」（UbD）系列。他寫了超過三十篇以上的文章和專書篇章，並且發表在重要期刊，包括《教育領導》（*Educational Leadership*）（美國教育視導與課程發展協會〔ASCD〕發行）和《發展者》（*The Developer*）（全國教師發展協會〔National Staff Development Council〕發行）。

　　Jay 在教師專業發展方面有非常豐富的專業背景，經常在全國、各州和學區的研討會及工作坊擔任講師，曾經在美國四十七個州、加拿大七個

省和五大洲的十八個國家演講。

　　Jay 在威廉瑪麗學院（College of William and Mary）取得學士學位，在馬里蘭大學取得碩士學位，並且在約翰霍普金斯大學完成碩士後研究課程。他曾透過華盛頓特區的教育領導研究所（Institute for Educational Leadership），獲選參加「教育政策獎學金課程」（Educational Policy Fellowship Program），並且擔任全國評量論壇（National Assessment Forum）的會員，這是由幾個教育和民權組織組成的聯盟，致力於改革全國、各州和地方的評量政策與實務做法。聯絡資訊：Jay McTighe, 6581 River Run, Columbia, MD 21044-6066 USA，電子信箱：jmctigh@aol.com。

▌Grant Wiggins

　　Grant Wiggins 逝世於 2015 年 5 月（1950-2015），曾是紐澤西州和普威爾鎮（Hopewell）「真實教育公司」（Authentic Education）的總裁。他在哈佛大學取得教育博士學位，在安那波利斯的聖約翰學院（St. John's College）取得藝術學士學位。Grant 和他的同事擔任學校、學區、各州和全國教育部門的顧問，指導各式各樣的教育改革事務，同時也組織安排研討會和工作坊，並且針對重要的學校改革議題發展文書宣傳品和網站資源。

　　Grant 最有名的事蹟，大概是和 Jay McTighe 合著《重理解的課程設計》（*Understanding by Design*），這個獲獎、極有成就的課程和一系列

課程設計的素材，在全世界各國推廣運用，此外還有《設計為本的學校》（*Schooling by Design*）一書。同時，他也在 Pearson 出版集團與他人合作出版許多融合 UbD 的教科書課程。他的工作長期以來受到普義慈善信託（Pew Charitable Trusts）、吉拉丁道吉基金會（Geraldine R. Dodge Foundation）和國家科學基金會（National Science Foundation）的贊助支持。

二十五年來，Grant 在世界各地從事深具影響力的改革計畫，包括 Ted Sizer 的核心學校聯盟（Coalition of Essential Schools）；國際學士學位計畫（International Baccalaureate Program）；進階安置計畫（Advanced Placement Program）；紐澤西州、紐約州和德拉瓦州的全州改革計畫；以及中國、菲律賓和泰國的國家改革計畫。

Grant 以他在評量改革方面的作為著稱，也是 Jossey-Bass 出版社出版的《教育評量》（*Educative Assessment*）和《評量學生表現》（*Assessing Student Performance*）的作者。他曾是領導各州評量改革計畫的顧問，如佛蒙特州的檔案評量計畫、紐澤西和北卡羅萊納州的實作評量聯盟。

Grant 的文章發表在不少期刊當中，包括《教育領導》和《斐德塔卡帕人月刊》（*Phi Delta Kappan*）。他的工作是以十四年的中學教師和教練經驗為基礎，他教英語和哲學選修課程，擔任大學足球代表隊和越野賽跑隊的教練，也是中學棒球隊和田徑運動代表隊的教練，同時還在海斯平（Hazbins）搖滾樂團中演奏。對他的生平貢獻有興趣者，可參見 Authentic Education 網站。

譯 者 簡 介
Translators

▍侯秋玲

　　臺灣師範大學教育博士（主修課程與教學），彰化師範大學特殊教育碩士，臺灣大學外文系學士。曾任臺灣師範大學教育專業發展中心博士後研究員，負責國中小學生學習扶助／補救教學師資培育計畫，關注弱勢學生的教育福祉。曾任毛毛蟲兒童哲學基金會執行長，喜歡跟孩子一同探索「思考」和「學習」。

　　目前為台灣小學語文教育學會理事，從事教育自由服務業，為拓展語文教學與學校教育之可能性而努力。另也翻譯童書繪本、親子教養和教學資源書，如《領導差異化教學：培育教師，以培育學生》（心理）、《無畏的領導，堅定的愛》（遠流）、《分享書，談科學：用兒童文學探索科學概念》（華騰），在朗智思維科技公司編寫《聊書與人生》、《聊書學語文》、《聊書學文學》、《文學圈之理論與實務》。未來，應該會繼續譯寫更多好書。

▍吳敏而

　　現任台灣小學語文教育學會理事長，毛毛蟲兒童哲學基金會董事，國語日報社董事，香港閱讀學會副主席。美國紐約市立大學（The City University of New York）認知心理學博士，美國卡內基美隆大學（Carnegie Mellon University）心理系博士後研究。曾任臺灣國家教育研究院研究員（退休），香港教育學院中文系首席講師，美國中美國際學校

主任，臺灣省國民學校教師研習會研究員，美國教育部副研究員，美國拉洛希學院（La Roche College）研究發展部主任，美國柯爾蓋特大學（Colgate University）助理教授。主要研究閱讀發展、語文教育、認知發展、語言心理學、環境教育、兒童哲學、兒童文學。著作有國語實驗教材、《語文學習百分百》、《聊書與人生》、《聊書學語文》、《聊書學文學》、《文學圈之理論與實務》、《我會自己讀》套書、《無限的天空》套書、《愛在哪裡？》，主編《提升閱讀力的教與學：趙鏡中先生語文教學論集》。

序
Foreword

　　從打開第一頁，我們就鳴槍起跑，立刻投入最重要的事情：Jay McTighe 和 Grant Wiggins 要我們練習判斷什麼**不是**核心問題，他們要求我們好好思考。我們停下來，想一想，反思怎樣精細改良我們的問題，並且考慮我們選用的語言會對學生造成什麼樣的影響。身為讀者，我們馬上被帶入這場精采萬分的探究。

　　提問，可說是最永恆也最基本的教學策略，從孔子到亞里斯多德到笛卡爾，許多教師用它來啟發學生。過去二十年來，因為一些模式產生的重要影響力，例如重理解的課程設計（Understanding by Design），使得核心問題的角色已經提升到有如課程的指南針，能為學生設定學習的路徑。大家都希望能設計出高品質的核心問題，但是在心存良善的意圖到能夠實際寫出好問題之間，存在著一道裂縫。當前的教育潮流走向仔細評鑑教師效能、強調符合成就標準、再度重視形成性評量，而這本書的出版若非洞燭機先，也可謂正逢其時，我們現在正需要這本書。

　　這本書不只是一本教我們如何形塑問題的手冊，更是一本非常吸引人的轉化教學探究專書。作者們在教學上的種種探索，能引導專業教育工作者重新探訪和修正教學實務，因而直接讓我們的學生受益。他們運用新鮮的語言來抓住我們的注意力，例如：「詰問內容」、「暫時性的結論」和「提問的組織／教室文化」，實在是饒富興味的閱讀。藉由持續深化的探究，兩位作者具體呈現出這個概念：核心問題的形成，是一個專業且深具影響力的研究領域。

　　在工作坊裡，Jay 和 Grant 經常以運動做為類比，而我們也就像選手

一樣，在本書的字裡行間受到教練的積極指導。《核心問題》這本書，容易理解而且非常有用，它以務實可行的理由來說明為何要使用核心問題，明確定義核心問題的類型，提供一個設計過程來形成核心問題，也提供有效執行的策略，以及特殊情境條件下的種種考量。我們受到良好的引導，透過清楚明確的八階段歷程模式來建構問題、提出問題，以及思考學生的回應，而且有許多例子來支持和說明這個模式，並用清楚的圖表呈現，對班級教師和專業發展者而言，是很友善、容易使用的試金石。

對於我們這些關心如何運用數位工具、社會媒體和全球連結網絡來讓學習現代化的人而言，最重要的問題是如何支持與協助學生自我導向學習。在這本書有關支持學生自主性的章節裡，我獲得極大的啟發，這本書不只幫助我們找到方法把核心問題落實到跟學生的互動之中，更提供我們不少細心周到的協助來支持學生的獨立學習。建立學生自主性的主張和相關的評量規準，對於這個世紀所需要的、逐漸發展成形的教學方法而言，是非常重要的貢獻。

基於多年來在美國和世界各地的學校經驗，Jay 和 Grant 知道，光是創造一個核心問題是不夠的，每個教室的文化決定了師生是否願意冒險，以及意義是如何建構出來的。這本書裡有一段討論是在探討如何經營一個有利於相互尊重和合作連結的學習環境，相當令人讚嘆，它教導我們如何在教室裡培養出這種支持的文化，並鼓勵我們要在全體教職員與學校領導方面體現同樣的支持文化。Jay 和 Grant 非常真實的統整融入他們在《設計為本的學校》的理念做法，用來檢視活化核心問題教學所必須擁有的文

化情境條件。他們更新也擴展了教育專業人士相互尊重的對話言談的價值，而這也是已故 Theodore Sizer 提倡的「核心學校」必須具備的價值。

這本書是對協同合作的一種致敬。長久以來，大家都非常讚賞 Jay 和 Grant 提出的模式和豐富的著作，他們具體展現了學識上的契合度結合學者的創造力所能產生的力量。得以與這兩位紳士相識多年，是我的榮幸，我可以想像在寫作這本書的過程中，他們之間持續不斷的電子信件往來、電話聯繫、協商討論、辯論爭執，以及一連串的突然頓悟與心領神會。但特別的是，這本書仍是以一致的聲音來書寫、表達，但同時又能從長期戰友的觀點來提供重要的理念和做法。

有一次，我在某個圖像同義字字典應用程式裡輸入 essential 這個字，然後電腦螢幕上出現 marrow（精髓）這個字，定義是「某個想法或經驗的最上選或最重要的部分」。對於正在尋找最上選的課程和學習核心的教育者而言，我們手上的這本書，絕對是一部經典之作。

Heidi Hayes Jacobs
課程設計者公司
21世紀課程計畫
總裁及創辦人

譯　者　序
Preface

　　2014 年春天，我們和一群小學教師開始這本書的讀書會，一邊閱讀、口譯，一邊對比、討論自己的經驗和想法，讀著談著，深感這本書為我們開啟了更新理解「課程與教學」之門，讓我們受益良多，於是向心理出版社「毛遂自薦」翻譯這本書，沒想到竟然成真。

　　更新理解之一，是 Essential Questions（EQ）的意義。基本上，《重理解的課程設計》（*Understanding by Design*, UbD）是一本頗為厚重、概念密集的書，為了幫助讀者吸收和練習其中的 backward design、big ideas 和 EQ，作者們陸續撰寫實用手冊和更詳細的說明，本書即是他們最新出版的作品，聚焦在 EQ，它究竟是什麼樣的問題？在讀書會過程中，由於沒有找到對等原文意義的中文，我們一直未翻譯這個名詞，之前譯者譯為「主要問題」，但新書增加了不少訊息，例如：它是開放性問題，是學科領域裡很重要、可遷移應用的想法，能刺激思考和挑戰心智，需要高層次思考，要求支持證據和正當理由，會引燃更進一步的探究，並且隨著學習發展的時間重複出現……這些特質讓我們覺得「主要問題」的意思好像缺了點什麼。

　　我們查閱 essential、essence 以及這兩個英文單字相似詞的中文翻譯，諮詢各領域專家：哲學家用「本質問題」；科學家用「必要問題」；大陸譯者用「基本問題」；資深教師建議用「核心（概念）問題」。我們套用各種譯法到譯文當中，尋找最合適的語彙，在「本質問題」和「核心問題」之間猶豫著。最後，我們從原書序言的「marrow」（骨髓／精髓）獲得靈感：骨髓是血液的工廠，血液從骨骼核心深處生成，流動循環全

核心問題｜開啟學生理解之門

身，是生命的泉源。從學科精髓發展出來的「核心問題」，帶動學習者不斷循環探索研究各個領域，成為學習的泉源。尋思這個語詞的意義，讓我們以全書的脈絡更深入去理解《核心問題》這本書。

更新理解之二，是臺灣和美國對「課程」之理解差異，以及核心問題對於課程設計的重要性。特別是第三章說明如何拆解美國課綱標準陳述句的動詞和名詞，轉化為教學應用的核心問題，我們發現從臺灣課程的書寫架構，較不容易找出核心問題。原來臺灣的領域綱要主要目的在告訴老師「教什麼內容」，所列項目是領域內容的分類，因此老師提出的問題是要引導學生回答內容。例如：文體是領域內容的分類，所以語文領綱列出老師要教的文體，老師使用 5W1H（六何法）的問題，引出文章摘要來教課文內容和寫作。

相對之下，美國的語文課程標準告訴老師：語文的目的在幫助人類表達自己的情感和想法、了解別人的想法，所以老師提出的核心問題可能是：怎樣把話說得更清楚／誇張／幽默？明喻和隱喻的作用哪裡不同？作者為什麼不用隱喻？這個例子說明美國的領域課程架構，告訴老師該學科的研究者在尋求什麼重要知識？用哪些方法來探討那些知識？所以老師可以直接從課綱標準了解到學科的精髓，讓學生和老師用一輩子的時間來共同追蹤、探索核心問題。

這樣的理解告訴我們：臺灣的老師要發展、設計出核心問題，需要更多的嘗試、努力和反思。但奇怪的是，聽說有些增能課程，講師認為教師只要參加半天的研習，就能夠直接執行 UbD，而原作者是窮畢生之力在

持續研究發展核心問題。落差何以那麼大？其中一個解釋是前述的領域課程架構理念之不同，教師把 UbD 使用在單一節課或一個教學活動，並未考慮長期的課程鋪陳。

另一個解釋是：我們被答案框住了。本書第五章暴露了臺灣教育的盲點——我們仍然被正確答案、統一內容、統一命題、績效表現、分數和評比領導教學的文化籠罩著。學生誤以為他曉得問題的答案之後，接著只要把答案記下來，就可以停止思考和探索這個問題了。其實國際評比和標準化測驗（如 PISA、TASA）是國家替教育把脈的工具，不是引導學生思考核心問題的考題。核心問題出自領域的本質，答案永遠有發展的空間，思考核心問題的方向依資訊的累積和文化的轉移持續演變，所以每一個探究的循環會帶出新的思考層次和問題來了解核心問題。既然層次的問題不斷的循環，課程必然是螺旋性的，學習亦必須以探究為基礎。

更新理解之三，是探究教學的真實樣貌。有幾位讀書會成員覺得自己經常採用探究模式的教學，但本書澄清了不少探究教學的毛病，在討論了第六章後，我們有驚人的領悟：很可能，我們沒有人真正在進行探究教學！

也許我們的學生在幼兒園階段很會提問、很會探索，但踏進小學的門，老師彷彿對他們說：「請你暫停探索和提問，先熟記教科書所提供的答案。」而這一停，就是十二年，好比要求活蹦亂跳的七歲孩子說：「你暫時不要走路，先坐十二年的輪椅。」高中畢業時，學生無法走路，亦即失去獨立思考和自主學習的能力了。

核心問題｜開啟學生理解之門

在這樣的制度中，老師也會失去改變的能力。不少老師有如困在籠中的鳥，日久失去了主動覓食的能力，就算有機會到外面世界試飛，享受自由，卻因缺乏安全感，又自動飛回籠子裡生活。假如教育制度把教師綁在籠子裡，雖然偶爾想放他們出來，用學位、比賽、獎金鼓勵他們做行動研究、上進修課程，讓他們看到學生的進步及成長，產生繼續進行探究教學的動機，可是，回到學校，又成為標準答案和考試績效的籠中之鳥，不容易張開翅膀發揮本能。

McTighe 和 Wiggins 告訴我們改變教學時有許許多多的陷阱，也提供了拯救我們的妙方。他們用輕鬆且幽默的語言，深入淺出地介紹核心問題，讀起來很有道理，可是使用上卻是一大挑戰。希望本書的中文翻譯能夠引起臺灣教育工作者的反思和討論，讓核心問題成為帶動下一代課程與教學革新之泉源。

吳敏而　侯秋玲 謹誌

Chapter 1

什麼是核心問題？

　　老師經常對學生提出問題，但這些問題的目的和形式可能有很大的不同。這本書談的是一種特定的問題——我們稱之為「核心」問題（essential questions）。那麼，何謂「核心」問題？我們想邀請你做一點探究活動，運用概念獲得的練習，來檢視核心問題的特徵。這個練習分三個部分，請見接下來幾個段落的說明。

　　首先，請看底下兩個欄位裡的問題，並試著決定區別「核心問題」與「非核心問題」最重要的特徵。核心問題共通的特徵是什麼？跟其他問題有什麼不同？

核心問題	非核心問題
• 藝術如何形塑及反映文化？	• 印加和馬雅人使用什麼共同的藝術象徵符號？
• 有能力的問題解決者被卡住的時候，會做什麼？	• 你在求解答案的時候，使用什麼步驟？
• 這個科學證據的強度有多少？	• 科學研究中的變項是什麼？
• 這世上會有「公義的」戰爭嗎？	• 哪個關鍵事件引發第一次世界大戰？
• 我要如何讓自己的外語說得像本土說母語的人一樣道地？	• 西班牙人常用的口頭用語是什麼？
• 誰是真正的朋友？	• 故事中，梅姬最好的朋友是誰？

其次，看看下列這些其他學科領域的例子，來刺激你思考，並澄清核心問題的特性。

歷史和社會領域的核心問題

- 這是誰的「故事」？
- 我們如何知道過去究竟**真的**發生什麼事？
- 政府應該如何在個人權利和大眾福祉之間取得平衡？
- 我們應該限制或規範 _____ （如：移民、媒體傳播）嗎？何時？誰來決定？
- 人們為什麼要遷移？
- 為什麼那個會在那裡？（地理）
- 什麼是值得奮鬥的？

數學的核心問題

- 我們什麼時候、為什麼要做估算？
- 有什麼規則或模式嗎？
- 我們所要測量的會如何影響我們使用**什麼方式**測量？我們使用**什麼方式**測量又如何影響我們所要測量（或不測量）的？
- 好的問題解決者會做什麼，特別是當他們卡住的時候？
- 這個解答必須有多準確？
- 這個數學模式的限制是什麼？一般數學模式的限制又是什麼？

語文的核心問題

- 好讀者會做什麼，特別是當他們無法理解一篇文章的時候？
- 我閱讀的文本種類會如何影響我應該用**什麼方式**來讀它？
- 我為什麼寫作？為誰而寫？
- 厲害的作家會如何吸引和留住讀者？
- 虛構小說和事實真相之間的關係是什麼？

- 在別的時空情境下發生的故事，和我有什麼關聯？

科學的核心問題

- 是什麼讓物體依照它們移動的方式移動的？
- 生物體的結構和功能之間有何關係？
- 老化是一種疾病嗎？
- 科學理論為什麼會改變？何時改變？
- 測量我們無法直接看見的事物的最佳方式是什麼？
- 對於一項科學聲明，我們如何決定該相信什麼？

藝術的核心問題

- 藝術作品能告訴我們關於一個文化或社會的哪些事情？
- 什麼因素會影響創造性表達？
- 藝術家應該對他們的觀眾負起什麼責任？
- 觀眾對藝術家有任何的責任嗎？
- 深思熟慮和毫無根據的批評之間，有什麼不同？
- 如果說練習可以造就完美，那什麼能造就完美的練習？

世界／外國語言的核心問題

- 在嘗試學一種語言時，我的腦袋應該做什麼？
- 當我不知道某種語言的所有字彙時，我要如何表達自己？
- 當我猶豫著不敢說這種語言時，我到底在害怕什麼？我要如何克服我的猶豫害怕？
- 本土說母語的人跟說話流暢的外國人之間有何不同？我要如何說得更像本土說母語的人？
- 在使用一種語言的時候，需要多少的文化理解才算是精熟這種語言？
- 我要如何探索和描述其他文化，並避免刻板印象？

比較了核心問題與非核心問題，並研究所附的例子之後，你現在應該對於什麼是「核心」問題有基本的了解。底下列出七個定義型的特徵，一個好的核心問題——

1. 是**開放性的**；亦即，它通常不會有一個單一的、最終的和正確的答案。
2. 能夠**刺激思考**和**挑戰心智**，經常會引發討論和辯論。
3. 需要**高層次的思考**，比如分析、推論、評價、預測。沒辦法單憑記憶來有效回答它。
4. 指向學科領域裡面（有時是跨學科領域）**很重要的、可遷移應用的想法**。
5. 引發**另外的問題**，並引燃更進一步的探究。
6. 要求**支持證據**和**正當理由**，而非只給一個答案。
7. 隨著學習發展的時間**重複出現**；亦即，核心問題可以也應該一而再、再而三的重新思考。

比較起來，你自己下的定義如何呢？

能夠滿足所有或大多數這些判準的問題，是為核心問題。這些問題無法在單一堂課或用一個簡短句子就能決斷的提出最終的解答——而這就是重點。核心問題的目的是刺激思考、引發探究，並且激盪出更多的問題，包含學生細思推敲出來的問題，而非僅是陳腔濫調的立即答案。它們具有挑戰性，而且有衍生性。學生在處理和思考這樣的問題時，會逐步的**揭露與發現**一個主題的深度和豐富性，而這若是用傳統趕進度的講授問答方式來進行，就可能會**被模糊淡化**。

現在，我們要呈現概念獲得練習的第三部分。運用我們列出來的以及你注意到的特徵，你認為，以下哪些問題是核心問題？為什麼？

問題	是核心問題嗎？
1. 英國的黑斯廷斯戰役發生在哪一年？	是／否
2. 厲害的作家會如何吸引和留住讀者？	是／否
3. 生物學是一種命定論嗎？	是／否
4. 擬聲法是什麼？	是／否
5. 哪些例子可以說明生物會適應環境？	是／否
6. 算術的限制是什麼？	是／否

用第 22 頁的解答核對一下你的答案。你做得如何？是否更能了解何謂核心問題了？很好！現在，我們可以更深入來探究與發現核心問題的細微差別了。

一體的兩面

雖然我們描述了核心問題對刺激學生思考和探究的重要性，但這並非它們唯一的功能。在「重理解的課程設計」相關的文獻中（McTighe & Wiggins, 2004; Wiggins & McTighe, 2005, 2007, 2011, 2012），我們提出，教育應該努力發展和深化學生對於重要想法和歷程的理解，好讓他們能夠將學習所得遷移應用在校內外。因此，我們建議拆解、分析課程內容（相關的目標），找出具有長期遷移應用效果的目標和想要學生達到的理解。這樣的拆解分析有部分會涉及發展相互關聯的核心問題。換言之，我們可以有效的運用核心問題來架構出我們的關鍵學習目標，例如，如果有一項內容標準是要學生學習政府的三權分立，那麼諸如「政府何時會逾越它的職權？」或「我們要怎麼做才能防止政府濫用權力？」的問題，就能刺激學生思考我們為什麼需要制衡、憲法制定者試圖達成什麼，以及其他制衡政府權力的方式。請注意，即使在美國我們已經習慣了特定的解答，但這

個問題的答案不只一個，因此，它仍是開放性，而非封閉性的問題。

在後面幾個章節，我們還會再談及如何提出好的核心問題，但現在，請試做這個簡單的思考實驗。如果課程標準規定要教的學科內容代表的是「答案」，那麼提出這些答案的人會問什麼問題？這個思考實驗提供一個有效的策略，來找出課程內容標準和重要問題之間的連結，並且找到怎麼樣讓學生投入真正理解內容的思考方式。簡言之，專家知識是探究、辯論和不同意見整合的結果，最好的問題會指向我們希望學生能夠理解、經過認真思考而得來的大概念。因此，這些問題的功用是做為門戶或透鏡，引導學生看清楚並探索存在學習內容裡的關鍵概念、主題、理論、議題和問題。

也就是透過這樣的歷程，學生運用具有啟發性的問題，積極主動的跟學科內容「打交道」，然後他們才能強化與深化理解。舉例來說，學生若能經常思考「不同地方和不同時間發生的故事，和我有什麼關聯？」這個問題，就能引導學生去思考偉大文學作品所探討的重大概念——在明顯的個人性格或特定文化底下，永恆存在的人類生存情境這一個主題——並且能因此而幫助我們洞察自己的生活經驗。同樣的，「人類能夠精確的預測未來到什麼程度？」這個問題，可以當作檢視統計學和科學重大概念的出發點，比如變項的抽樣、預測效度、可信程度，以及相關對因果關係的探討。

從實際層面來說，你可以把想要學生達到的目標理解和核心問題想成同一個硬幣的正反兩面。我們的核心問題一方面指向那些值得了解、可遷移應用的重要想法，一方面也提供一種探索這些想法的工具。在「重理解的課程設計」的單元規劃模組中，是以圖像化的方式來呈現這種兩面一體的關係，我們把想要達到的目標理解放在與它們相對應的核心問題旁邊。以下是幾個例子：

目標理解	核心問題
• 一個地區的地理、氣候和自然資源會影響當地居民的經濟和生活型態。	• 你住在**哪裡**會怎麼樣影響你**如何**生活？
• 統計分析和資料呈現通常會讓模式顯現出來。模式讓人得以預測事物。	• 接下來會發生什麼？你有多確定？
• 基於年齡大小、活動程度、體重和各種健康狀況，人們有不同的飲食需求。	• 為什麼對某個人來說是「健康的」食物，對另一個人卻是不健康的？
• 舞蹈是一種結合姿態、空間、時間和力量的語言，可以傳達想法和情感。	• 動作如何表達出情緒？

「核心」的三種意義

　　更細微的檢視核心問題後，關於「**核心的**」（essential）一詞，有三個不同但部分重疊的意義。第一個意義，包含了「重要的」和「永恆的」這兩個語意。就這個意義來說，核心問題在人的一生中會很自然的形成，並且一再重複出現。核心問題牽涉的範圍很廣，而且是全宇宙共通的問題。**什麼是公平正義？藝術是品味還是原則？我們可以改變自己的生化結構嗎？科學跟宗教是相容的嗎？作者的觀點能夠優先決定一個作品的意義嗎？**這類的核心問題很常見，而且永遠都可以有不同的意見。我們可能自己領悟或受他人幫忙而了解了這些問題的意義，但很快的我們也會知道這些答案只是暫時的，或者，答案可能比我們原來想像的更多元複雜。換句話說，隨著生命成長的歷程，關於這類問題的反省思考、不同觀點和豐富經驗，很可能會讓我們改變心意──而且這種改變不僅是意料中的事，更

是讓我們受益無窮。良好的教育植根於這種持續一生的問題，即使我們有時候會因為過於關注內容的精熟學習而忽略了重要的問題。核心問題代表著教育不僅僅只是學習「答案」，更是要學習如何思考、如何提問和如何持續學習。

第二個意義，指的是「基本的」或「基礎的」。就這個意義來說，核心問題反映的是一個學科領域當中的關鍵探究，這類問題會指向學科裡的重大概念，以及科技知識尚未開發的新領域；從學科發展的歷史來看，它們很重要，而且在當今研究領域裡也仍然很活躍。比如這個問題：「有任何歷史資料能夠不受撰寫者的社會和個人歷史之影響嗎？」過去幾百年來已經廣受學者們熱烈的討論，並且驅使新手和專家一起思考每一種歷史敘事當中可能潛藏的偏見。又如「在時空中有幾度空間？」和「目前全球氣候狀況算是典型或異常？」這兩個問題，分別是物理學的弦理論（string theory）和氣候學的全球氣候變遷最熱門的爭議話題。而「當一個作家試著從和他（她）自己不同的性別或文化的觀點來敘說一個故事時，這是創造力的展現，還是傲慢自大的表徵？」這個問題，近年來在文學和藝術界裡也是備受熱烈討論。

第三個重要意義，指的是對個人理解而言極其重要或不可缺的——以學校教育來說，指的就是：學生在學習核心內容時所需要的理解。就這個意義來說，如果一個問題可以幫助學生理解那些外表看來零碎分立的事實，或弄清楚重要但抽象的想法和策略——也就是專家了解但學生還未能掌握或看出其重要價值的發現，那麼這個問題就可算是核心問題。例如這些問題：**光在什麼情況下以波動的形式表現？最好的作家會如何吸引和留住讀者？什麼模式最能描述說明景氣循環？從這些「混亂的」資料點可以找出哪一條「最適線」（best fit line）？**透過主動探索這些問題，學生能夠把零散、混亂的訊息做一番整理和連結，達到重要的理解，並且更有效的遷移應用他們的知識和技能。舉運動為例，在足球、籃球、橄欖球、曲

棍球和水球比賽中，嫻熟戰略的球員和球隊了解問這個問題的重要性：「在進攻時，我們要在哪裡創造出最佳的無人防守空間？」（注意，這個問題可以當作理解戰略的出發點——分散防守的人力就能把球往前推進並增加得分機會。）它會導向更明顯、更重要的問題：「我們要怎樣才能贏得更多比賽？」因此，請注意，即使是在體育或數學這類技能取向的教學中，還是有重要的核心問題可以幫助學生了解這些技能的重點和結果的意義（在後面的章節中，我們會進一步討論以技能為主的課程的核心問題）。

目的重於形式

你可能聽過，所謂高層次思考問題應該以**為什麼**（why）、**如何**（how），或**用什麼方式／從哪些方面**（in what ways）這些語詞做為開頭。的確，這樣的問題開頭本身似乎就暗示著開放性思考，吸引人們提出多元的回應。但是，不要以為所有以**什麼**（what）、**誰**（who），或**何時**（when）為開頭的問題必然就是問事實性的答案，或者，**為什麼**的問題本身就屬於高層次。舉例來說，想想這些問題：**什麼是經濟學裡的公平？誰是「贏家」？什麼時候我們應該戰鬥？**很明顯的，這些都不是記憶性的問題，它們能激發思考和討論，而且一個人的答案可能會逐漸發展、演變。相反的，你也可以問你班上的學生：「為什麼第二次世界大戰會發生？」但實際上卻是在找教科書裡提供的唯一答案。

這樣的思考導向一個更上層的重點：目的重於形式。你**為什麼**提出一個問題（就提出問題想得到的結果而論），比起你**如何**使用語言表達這個問題更加重要。沒有哪一個問題本質上是重要不可或缺或瑣碎不重要的，它是不是核心問題，必須視其目的、對象、情境和影響力而定。身為老師的你，想要學生使用這個問題來做什麼？回想一下之前的例子：「生物學

是一種命定論嗎？」對於欠缺經驗知識的人來說，這個問題的句構方式聽起來好像是封閉性或事實性的問題，但很清楚的，我們會問這個問題來激發學生有趣、尖銳的辯論有關人類行為與健康當中，什麼是可預測的、什麼是不可預測的。換句話說，此問題是否為核心問題，決定的關鍵是我們為什麼提出這個問題、我們打算要學生怎麼處理這個問題，以及我們對相關的學習活動和評量的期望是什麼。我們構想的是開放、深入的探索和辯論複雜的議題，或者只是打算要引導學生走到一個預定的答案？我們希望問題會刺激學生能夠針對文本提出自己的問題，還是我們期望的只是傳統的解釋說明？

　　換言之，如果我們脫離情境脈絡，單看一個問題的用詞句構，並無法區辨出這個問題是不是核心問題。想想這個問題：「什麼是故事？」很明顯的，如果我們提出這個問題的意圖是要學生給一個教科書的解答（「故事包含情節、人物、時空背景和行動」），那麼依照我們的標準，這個問題（若是如前述的問答）就不是核心問題。然而，如果提出這個問題是為了在一開始引出眾所皆知的故事元素，但後續課程是要學生研讀故意省去其中一個或更多故事元素的後現代小說，來推翻那個傳統的定義，那麼它就帶有「核心問題」的功用。

　　再想想，同樣這個問題——「可以看出什麼模式？」——應用在底下三個目的非常不一樣的教室情境：

1. 二年級老師問：「各位小朋友，你們看看這些數字 2，4，6，8，_____。下一個數字是什麼？可以看出什麼模式？」在這個情境中，問題是要導向一個特定的答案（10）。

2. 代數一的老師給學生看一組資料，然後請他們在一個座標圖上標示畫出兩個相關的變量。「你注意到什麼？可以看出什麼模

式？」在這個情境中，老師想引導學生看出所有資料之間的線性關係。

3. 科學老師呈現一個十五年來 AIDS 病例的資料表，依據年齡、性別、地區和社經地位分別列出。他向學生提出問題：「可以看出什麼模式？」他要的不是立即的解答，而是希望學生仔細的分析、推論和積極熱烈的討論。

因此，我們沒辦法只依據一個問題的用詞句構來判斷它是不是核心問題。就如前面所說的，**誰／什麼／何時**的問題，以及那些看起來會引出**是／否**之回答的問題，都可能激發學生深刻的好奇、思考和反省，端視老師設計這些問題的教學目的以及後續問答討論的性質而定。請看以下的例子，並想像它們可能引起的熱烈討論、持續思考和深入了解：

- 整個宇宙是否持續擴張中？
- 一個會取消人民自由權的民主政體，這在用詞上是不是自相矛盾？
- 歐幾里得的幾何學是否為我們所居住的空間提供了最好的「地圖」？
- 誰應該領導眾人？
- 數學裡的虛數有用嗎？
- 《麥田捕手》是喜劇還是悲劇？
- 什麼是「第三」世界？有「第四」世界嗎？
- 什麼時候才算是完成任務、勝利底定？

就如我們提過的，目的意圖也會有反向作用。一個老師可能提出一個引人好奇、**看似**開放性的問題，但期望的卻是一個立即簡單的回答。最糟

糕的狀況是老師表現出心智上的不誠實——在具有爭議性的議題上徵求學生的意見，但實際上卻是想找到或強調他們認為政治或道德正確的答案。

如果你想一想自己對於引人深思的問題的反應，這種目的或意圖的重要性就會更容易了解。最好的核心問題是充滿活力的，在學校外面，人們會提問、討論和爭辯這些問題。在討論中，這些問題自然會出現，而且開啟了思考和可能性——對專家和生手都一樣。它們顯示了好奇愛問和思想開放是人類心智最基本的習慣，也是終身學習者的特徵。從更實際的層面來說，如果我們真的很投入一個問題，如果這個問題對我們來說很真實、很切身，如果它幫助我們更系統性、更深入的理解我們正在學習的東西，那麼，這個問題就會活在學科領域裡。

因此，最根本的，我們需要考量問題更廣大的目的和情境——包含與它相關的後續問答討論、作業任務和測驗評量——以決定它最後是不是變成核心問題（在後面的章節裡，我們會更進一步討論要讓核心問題發揮最大作用所需的探究文化）。

大小和範圍有影響：總括式 vs. 主題式核心問題

像「可以容忍的失誤範圍是多少？」這類的核心問題，還有另一層意義。它們提供跨學科領域的關聯性和遷移應用，連結的不只是測量、統計和電機工程裡的單元和課程，還連結了諸如陶藝、音樂和降落傘摺疊等多種學科領域。我們第一次在某學科、某主題遇到核心問題時會有些思考，而在往後的幾年中，它們會（也應該）不斷重複出現，鼓勵（甚至要求）我們超越原來的思考，以促進主題和學科之內（有時則是跨主題和跨學科）的概念連結和課程統整。

核心問題（及其相伴的理解）在範圍上會有差異，比如，「我們可以從第二次世界大戰學到什麼教訓？」和「最好的神祕小說作家會如何吸引

和留住讀者？」，是用來幫助學生了解這些特定主題和技能的典型問題，它們通常不是開放性問題或難以回答的問題，在這些案例中，它們指向的是一個單元裡的特定主題，分別是第二次世界大戰和神祕小說這種寫作文類。其他的核心問題則是比較寬廣且跨領域的問題，帶我們超越任何特定的主題或技能，走向更普遍化、更能遷移應用的理解。比方說，「我們可以從過去學到什麼教訓？無法學到什麼教訓？」這個問題，遠遠超出第二次世界大戰的範圍，而且在幾個學科領域可以一再反覆提問好幾年，都能有豐富的學習成效。同樣的，我們也不必只單一的問神祕小說會如何吸引讀者，可以把這個特定主題的問題改成更寬廣的問題，應用到所有作家和藝術家：「最好的作家和藝術家如何引起和留住我們的注意？」

　　我們把特定的核心問題稱為「主題式」（topical），比較普遍化的問題稱為「總括式」（overarching）（同樣的概念也可應用到理解上）。以下是這兩種問題的相對例子：

總括式核心問題	主題式核心問題
• 這是誰的「故事」（觀點）？	• 阿拉斯加原住民是如何看待他們土地的「開發」？
• 結構和功能之間的關係是什麼？	• 各種昆蟲的身體結構如何幫助牠們生存？
• 藝術是用什麼方式來反映和形塑文化？	• 儀式面具反映出什麼樣的印加文化？
• 作家如何運用故事元素來創造氣氛？	• 約翰・厄普代克（John Updike）如何運用故事背景來創造氣氛？
• 系統是由什麼組成？	• 我們身體的各種系統如何交互作用？
• 影響強國之興盛和衰敗的共同因素是什麼？	• 蘇聯為什麼會垮臺？

你可以看到，右欄的核心問題聚焦在特定的主題，而左欄相應的問題是比較寬廣的（這些主題式核心問題看起來雖然是聚斂性的問題，但仍然可以引發幾個不同的可能答案）。請注意總括式核心問題沒有提及**特定**單元的內容，它們超越特定的學科內容，指向更寬廣、更可以遷移應用的跨單元主題（甚至跨學科）的理解。

對於架構整體的學科和課程內容（如 K-12 健康課程）而言，總括式核心問題（和理解）是很重要的，它們為「重理解的課程」提供了概念基礎骨架，以相同的核心問題做跨年級的螺旋式課程設計。

後設認知和反思型的問題

到目前為止，我們提供的核心問題範例主要是放在學科領域裡，但有一種更普遍化、更高層次的核心問題，可稱為後設認知和反思型問題，以下是一些例子：

- 我知道些什麼？還有，我需要知道什麼？
- 我應該從哪裡開始？我什麼時候應該改變路線？我要如何知道我是否已經完成了？
- 什麼有用？什麼沒用？我應該做哪些調整？
- 有沒有更有效率的方式來做這件事？有沒有更有效能的方式來做這件事？在效率和效能之間，我應該要如何保持平衡？
- 我要如何知道我是否已經完成了？
- 當我遇到瓶頸時，我應該怎麼辦？
- 我要如何克服自己對於犯錯的恐懼？
- 我學到了什麼？我獲得了什麼深刻的洞見？
- 我可以怎麼樣改善自己的表現？

- 下一次我會有什麼不一樣的作為？

如果希望學生能在校內外有效學習與表現的話，這種更普遍化的問題真的非常重要，特別是在以技能發展和表現為焦點的學科領域，已經證明這種核心問題的學習效益非常大。能夠好好應用這種問題，是一個深思熟慮、反思型的人的特質，而且，我們可以跨年級，或在家裡，或終其一生，不斷反覆提出和思考這種問題。

非核心問題

學校裡會使用各式各樣的問題，就我們的定義來說，其中大部分的問題並非核心問題（即使它們在教學中都扮演著有用的角色）。我們來看看另外三種教室中常用的問題：誘答式問題（questions that lead）、引導式問題（questions that guide）和吸引式問題（questions that hook）。在後面的章節裡，我們會再說明其他種類的問題，包括深入探究式問題，以及用來檢核學生理解的問題。

◎ 誘答式問題

傳奇的喜劇演員格勞喬‧馬克思（Groucho Marx）在 1960 年代主持一個名為《生死賭局》的機智問答電視節目，每當參賽者答錯全部或大多數的測驗題目，格勞喬就會問他們最後這個保住面子的問題：「誰被埋葬在格蘭特將軍墓裡？」（唉呀，竟然不是所有的參賽者都能答對！）這是一個非常完美的誘答式問題，因為它指明且要求唯一、「正確的」答案（我們知道，律師和辯論家對誘答式問題有不同的定義，但我們認為這個名詞很適合用來描述老師的動機：想要引誘學生答出一個正確的答案）。下列是幾個誘答式問題的例子：

- 7×6 是多少？
- 所有的四邊形共有的特徵是什麼？
- 經濟大蕭條初期的美國總統是誰？
- 汞的化學符號是什麼？
- A 大調的關係小調是什麼？
- 哪些字母是母音？

　　誘答式問題能讓教師檢核學生是否能夠回憶或找到特定訊息，因此，如果教師想要的學習結果是回憶和強化事實知識，這種問題就有作用。這種問題的另一個名稱是**修辭性**（rhetorical）問題，適足以提醒它們並不是什麼真正重要的問題，其目的並不是要啟動探究，而是導向一個事實。這也就是為什麼律師和辯論家通常會運用修辭性問題來將大家的注意力導向*他們的*重點。

◎ 引導式問題

　　另外一種教師常用（以及教科書中常見）的問題，可稱為「引導式」問題。想想以下的例子：

- 這個句子的標點符號用得適當嗎？
- 為什麼答案必定要小於 0？
- 攝影時，我們如何運用「三分定律」？
- 你可以用自己的話說明牛頓的第二定律嗎？
- 故事裡的主角什麼時候開始懷疑他的老朋友？
- 引起第一次世界大戰的四個原因是什麼？（這資料可以在文本的不同頁數裡找到。）
- 法文裡，哪些字彙是陰性？哪些是陽性？

引導式問題比誘答式問題寬廣，但並不是真正開放性，也不是想引發深入的探究。每個問題都在引導學生走向先前預設的目標知識和技能——找到一個特定的解答，但是，這個解答需要一些推論，而不是簡單的回憶就可以，因此，它們成為幫助教師達到特定內容學習結果的重要工具。雖然這種問題很常見也頗有用，但拿前面的七個判斷標準來核對就會發現，我們並不認為它們是核心問題。在某一堂或幾堂課裡使用這種問題，也許會有不錯的效益，但它們的目的並不是要創造長期的探究，也不可能在一段較長時間內重複出現。

◎ 吸引式問題

　　長久以來，最好的教師都知道在新課文、新單元或新課程開始的第一堂課，就要吸引學生注意力的重要性。巧妙的開頭問題的確能引起興趣、抓住想像力、啟發好奇探問之心，我們雖然也很肯定應用問題來吸引學生的興趣，但是它們還是跟核心問題不同。請想一想以下兩個「吸引式」問題跟相對的核心問題之間有何區別：

1. 在六年級營養單元的一開始，一位老師提出這個問題：「你吃的和喝的東西可以幫助你預防青春痘嗎？」這個吸引式問題有效的抓住了學生的興趣，並且啟動該單元更寬廣的核心問題的探索：「我們應該吃什麼？」

2. 阿拉斯加村落裡的一位科學老師用這個問題來吸引學生：「我們喝的水，跟我們祖先喝的水是一樣的嗎？」考量當地文化對於祖先的尊崇，以及海洋對當地人生存的重要性，這是非常適合學校社區情境的開頭問題。伴隨著這個核心問題：「水從哪裡來？又往哪裡去？」就能激發持續探究相關科學的學習。

表 1.1 提供了相關例子,幫助你區辨本章討論過的四種課堂問題。表 1.2 強調的是每種問題的特徵。

表 1.1　四種課堂問題舉例

主題內容	吸引式問題	誘答式問題	引導式問題	核心問題
營養	你吃的東西可以幫助預防青春痘嗎?	五大類食物群裡有哪些食物?	什麼是均衡的飲食?	我們應該吃什麼?
《麥田捕手》小說研究	你認識行為舉止瘋狂的青少年嗎?為什麼他們會那樣?	這本小說發生在什麼時候(年代)?在什麼地方(位置)?	荷頓是正常人嗎?(注意:主角是在精神病院裡訴說這個故事的。)	是什麼讓一個故事變得不朽? 從這部小說我們可以學到什麼「真理」?
音階	你的父母喜歡你的音樂嗎?	C 大調音階組成音有哪些?	為什麼作曲家要用大調,而不是小調?	音樂和「噪音」之間的區別是什麼? 什麼會影響音樂品味(如:文化、年齡)?
憲法／權利法案	你同意「自我正當防衛保護法」嗎?	什麼是美國憲法第二修正案?	美國憲法第二修正案是否支持「自我正當防衛保護法」?	哪些憲法原則是永恆不變的?哪些過時或不合時宜的原則應該修正(如:以前只有男性白人被視為「人」)? 個人自由和公眾利益之間的平衡點在哪裡? 美國憲法第四修正案或權利法案的哪些部分是過時的?

表 1.1　四種課堂問題舉例（續）

主題內容	吸引式問題	誘答式問題	引導式問題	核心問題
心理學／人類行為	為什麼小孩有時候在群體裡面會有愚蠢的舉動？	誰是史金納？什麼是行為主義？	行為主義、完形心理學和佛洛依德心理學之間有什麼相同和相異處？	為什麼人們會有這樣的行為？

表 1.2　四種課堂問題的特徵

吸引式問題

- 提問的目的是要吸引學生對某個新主題的興趣
- 可能會引起好奇、問題或辯論
- 經常是以「孩子的語言」來包裝
- 提問一次或兩次，但不會重複提問

誘答式問題

- 提問的目的是要學生回答
- 有一個「正確的」答案
- 幫助學生回憶和提取訊息
- 只問一次（或一直問到正確答案出現為止）
- 不需要（或只需要一點點）支持（證據或理由）

引導式問題

- 提問的目的是鼓勵和引導學生探索一個主題
- 導向預定的知識和技能（但未必是單一的答案）
- 可能在某段時間會重複提問（如：在一個教學單元內）
- 通常需要一些解釋和支持（證據或理由）

（續下頁）

表 1.2 四種課堂問題的特徵（續）

核心問題
• 提問的目的是激發持續的思考和探究
• 引起更多的問題
• 激起討論和辯證
• 在教學單元內（也可能一整年）不斷重複提問
• 要求正當理由和支持證據
• 隨著理解的深化，「答案」可能會跟著改變

總結

　　課堂問題可以有不同的分類，每一種都有不同的、合法合理的目的。然而，當你考慮要在教學中放入適當類型的問題時，我們必須提醒你要區辨**核心問題**這個語詞所帶有的兩種意涵：(1) 從我身為老師的角色觀點覺得重要的問題，也就是經常使用的「吸引式」和「引導式」問題；相對於：(2) 學生能夠持續不斷、反覆檢視以「真正理解」重要想法和過程的問題。我們在這本書裡使用的是第二種意義。在以理解為核心重點的課程裡，我們當然希望第二種問題能夠多一些。

　　現在你已經比較了解什麼是核心問題了，我們接下來就要更仔細來談何時和為什麼使用核心問題（請注意，雖然你可能「抓到了」核心問題的概念想法，但不代表你必然就能夠自己發展出很好的核心問題，我們在第三章會探討發展和調整核心問題的方法）。

常見問與答

Q： 我的校長說，我們每一堂課都應該至少有一個核心問題。我覺得這太難了。你們可以幫忙嗎？

在重理解的課程設計裡，我們選擇以教學單元做為設計重點，因為重理解的課程設計的關鍵元素——可遷移應用的目標、理解、核心問題，和理解的表現——有太過複雜和多元的面向，在單一堂課裡很難好好處理。特別是，核心問題的重點聚焦在長期的學習，每隔一段時間就重複提問，並不是一堂課結束時就解答。每堂課提出一個新的核心問題不僅困難重重，而且可預見的結果是一連串表面化的（誘答式）問題，或者充其量，只是引導式問題而已。

你的校長應該是立意良善，但我們希望她區隔「經常**使用**核心問題」（我們支持這個）和「每堂課使用一個**新**問題」之間的差別，一、兩個真正的核心問題就可用來架構整個課程許多堂課的學習。也許，你應該送校長這本書！

Q： 我搞不清楚引導式問題和核心問題之間的差別。你們引用的某些問題是核心問題——比如「最好的作家如何吸引和留住讀者的注意力？」——似乎也符合「引導式」問題的定義：「不是真正開放性的，也非設計來引發深入的探究，而是聚焦在內容或活動的學習。」

你是對的；這兩者之間的差別有點細微難辨。但就如我們在這一章所說的，所有的考量都要回歸到目的。如果目的是要達到單一、最後、不容質疑的答案，那麼這個問題的重點是引導學生的學習走向那個答案；但如果重點是要**持續提問**，即使我們得到一個有意義的暫時性解答，它仍算是核心問題。

第 5 頁練習的解答和評論		
問題	是核心問題嗎?	評論
1. 英國的黑斯廷斯戰役發生在哪一年?	否	這是事實性問題,只有一個正確答案。
2. 厲害的作家會如何吸引和留住讀者?	是	這是內涵很豐富的問題,可以探討有效寫作的許多面向,包括不同的文類、讀者觀眾/寫作目的的連結、作者的聲音,以及組織結構。
3. 生物學是一種命定論嗎?	是	這個問題的目的是要刺激思考,是有許多細節可討論的開放性問題(所以不要被它的句構給騙了)。
4. 擬聲法是什麼?	否	雖然這個問題的形式可能會讓打瞌睡的學生醒來,但它並未真正開啟有價值的探究。充其量,它只能導向一個新名詞的定義。
5. 哪些例子可以說明生物會適應環境?	否	這個問題滿有用的,可以幫助學生從各種例子來了解適應的概念,但還是可以從某本書中找到特定的答案。
6. 算術的限制是什麼?	是	這是一個開放性問題,可以跨年級廣泛運用在數學學習主題上;它可以幫助學生了解這個抽象但重要的概念:數學包含許多兼具優點和限制的工具和方法。

Chapter 2

為什麼使用核心問題？

　　在「重理解的課程設計」和其他的課程設計架構當中，常常把核心問題預設為必要元素。為什麼這類問題是必須具備，而非選擇性的元素？教學計畫若是以問題來架構，為什麼會比較好？在哪些方面會獲得改善？我們先簡要的回答：核心問題能讓教學單元計畫更有可能激發、培養出抓住重點又具思考力的學習和學生。最好的核心問題，如果有良好的教學處理相互配合的話，能夠讓學生清楚明白：在我們的教室中不允許被動式的學習；每個人都必須思考，它不是隨心所欲、可有可無的選擇。

　　不過，還有其他更重要的原因，讓我們應該環繞著重要的探究問題來設計教學單元。因為核心問題：

- 明白表示探究是重要關鍵的教育目標。
- 讓教學單元變得更能挑戰學生心智。
- 幫助教師釐清課綱標準，並決定優先順序。
- 讓學生認清學習重點。
- 示範並鼓勵學生發展後設認知。
- 提供學科內和跨學科連結統整的機會。
- 支持有意義的差異化教學。

讓我們更深入細節來探討以上這些目的。

明白表示探究是重要關鍵的教育目標

　　成功的探究會引導我們去「看見」和「掌握」那些一開始看來很令人迷惑、晦暗不明或零碎片斷的事物，並逐漸「建構出意義」，所以提問的目的是為了要增加全新的、更具啟發性的意義，但這些新意義很少會是最後的意義。我們真正的目標是希望學生變成更積極主動、會深入追問並堅持到底的探究者，持續不斷的思考重要的問題和可能的意義。就像《國王的新衣》裡的小孩，《小熊維尼》裡的維尼，和柏拉圖《對話錄》裡的蘇格拉底，都提醒我們：在別人都不質疑時，繼續堅持提出問題，這是他們能夠掙脫那些未經思考檢驗的習慣、信念和武斷想法之束縛的關鍵。一旦我們學會了提問——真正的提問——我們就會具有免疫力，不會被那些希望我們**不要**太認真思考他們所說的話的人所騙，管他是政客、廣告商或愛欺負人的夥伴。

　　總之，一個很關鍵重要的教育長期目標是要讓學生變成更好的提問者，因為說到底——在這個現代世界中，許多知識很快就會過時、被淘汰——提問的能力才是有意義的學習和高層次心智成就的核心。所以，就算其他人可能停止或甚至完全避免問問題的時候，你會希望學生持續提出什麼樣的問題？雖然我們可能覺得，面對複雜議題和問題的挑戰並從中得到意義這件事，真的有點累，但有什麼問題是我們應該堅持追問下去的？這些就是值得做為學習重心的核心問題，不管是哪一個學科。

　　雖然這對讀者來說可能很明顯可見，但我們教育者的集體行動通常都帶有盲點或矛盾。一個又一個的研究顯示，大多數老師的問題都是誘答式、低層次的問題，聚焦在事實知識。這類研究發現的摘要如下（Pagliaro, 2011, p. 13）：

　　　自從 1912 年開始做第一個有關提問的研究以來，研究者一直發

現老師提問的問題當中，很大部分都是低層次的問題（Wragg, 1993; Wilen, 2001; Wragg & Brown, 2001）。尤有甚者，從小學到大學的老師非常普遍都是問這些低層次的問題（Albergaria-Almeida, 2010）……最近一項研究指出，老師們一天提出的問題多達三百到四百個問題（Levin & Long, 1981），同時，他們也傾向以機關槍掃射的方式來提問。三年級閱讀課的老師每 43 秒問一個問題（Gambrel, 1983），而國中英語課的老師每分鐘平均問多達五個問題。

在我們許許多多的課堂巡視經驗中，很少聽到師生**持續的**探究一些重要的問題——即使白板上張貼著一個核心問題！確實，當教育界的標準總是把重點放在要學會的學科內容，而不是放在持續的探究之時，我們所面臨的一個重大挑戰是如何避免走進無分優先順序、沒有重要區隔的內容學習行列，造成學生被動學習的惡果。

在重理解的課程設計的單元計畫模組中，核心問題被放在第一階段，放在設定整個單元目標的位置。這樣的位置是要明確表示：**問題是目的／目標**，而非僅是小小的設局，只是要讓學生回答我們想要他們學到的答案。把一個問題視為一個目標，所蘊含更深層的訊息是：發展和深化理解是教育的一個長期目標，不是只要習得內容知識就可以；而且，唯有透過持續的提問，才能進一步深化與拓展理解。當我們第一次碰到一個全新又複雜的教學或經驗時，很少能夠立即理解，這也就是為什麼「**隨著時間過去，我們會建構出意義，也會逐漸理解**」這個說法是恰當的。這些學習結果不可能像事實性知識那樣簡單的傳遞灌輸，或是像分立的技能那樣光靠練習就能獲得（想更了解意義建構和知識獲得這兩種目標之間的區別，請參考 Wiggins & McTighe, 2011, 2012）。據此，核心問題的作用就像通往理解的門戶；也就是說，透過探索問題，學習者可以投入思考，自己建構意義。

讓教學單元變得更能挑戰學生心智

要讓學習變得更活潑主動，歷久彌新的一個方法是以能吸引人又刺激思考的問題為核心，來架構學校的學習功課，並且把學生要學會的內容當作「答案」或「工具」編織進來，幫助學生思考、處理這些問題。最好的核心問題是設計來激發思考的，亦即，它們本身的特性就是企圖讓心智活躍起來，就像第一章提過的，一個問題若不能活化、提升或挑戰我們的思想，它就不是核心問題。

從教學的觀點來看，我們尋求的是能夠讓學生想做這兩件事情的問題：(1) 主動進行持續的探究，不滿足於表面、空洞的答案，和 (2) 為了能夠進行好的探究，願意在過程中學習新的知識內容。這也就是為什麼如果我們適當的運用最好的問題，就會讓學習變得更主動、更享受。當我們有效的運用這些問題時，會大大降低學生覺得自己在做漫無目標、單調沉悶的苦工的感覺，因為他們是為了更明顯又有價值的理由在學習與獲得知識技能。因此，學生學習的內在動機變得比外在動機強烈，使得學生更有可能堅持必要的努力用功，來達致理解和持續成長。

這也就是為什麼模擬訓練、電視遊戲和運動比賽會如此吸引人，選手們會願意忍受發展技能歷程的冗長單調，以及訓練過程的痛苦。在每一場足球比賽或游泳競賽的背後，潛藏著一系列有趣且持續的核心問題：**為了求得勝利，我們必須做什麼？我們的優點和缺點是什麼？我們要如何發揮我們的優點、減少我們的缺點？**這些問題會一直存在，因為每次的新遊戲或比賽都會帶來新的挑戰，而運用我們的心智找出更好的面對這些巨大挑戰的方式，就是產生學習動機的關鍵。

事實上，最棒的教練會把這些隱含的問題清楚提示出來。Grant 在他女兒的高中足球教練群當中，看到一位這樣的教練，他是具有四十年大學和中學教練經驗的老手。他不像其他教練在中場休息時間說教，而只是提

出問題：**到目前為止，什麼戰術對我們有用？哪些策略沒用？為什麼沒用？我們要怎麼改進它？敵隊用了哪些有效的戰術？我們要如何反制它？**即使這位教練「教的」比較少，但這些女孩在他的指導下，大幅成長，變成更好的選手。因為他蘇格拉底式的指導方法，讓她們學會「思考足球」，而且不斷被這些問題激發好奇心，也經常留意這些問題所帶來的挑戰。

在一位六年級英語／語文藝術教師運用好問題的過程中，我們看到同樣的效果。這位老師使用這些核心問題來引導學生寫作和同儕評論：

給寫作者：你的寫作目的是什麼？你的觀眾（讀者）是誰？以你的目的來看，這篇文章哪裡發揮了作用、哪裡沒有？這些問題的答案要跟草稿訂在一起，給同學評論。

給評論者：從作者的寫作目的來看，他（她）達成了多少？你對哪裡最感興趣？哪裡讓你失去興趣？為什麼？

如同這位老師和受訪學生注意到的，讀者失去興趣的地方，通常也就是教學介入最有效的時刻，非常適合用來教導有關想法發展、組織、用字遣詞或寫作規則等面向。就像這樣，核心問題的架構，以及主動提出核心問題的效應，讓傳統內容的學習變得與學生更有關聯、更及時有用、更容易接受（絕非偶然的，這位老師的學生在全州寫作測驗的表現，明顯優於學區內其他學生）。

幫助教師釐清課綱標準，並決定優先順序

我們認識的每位老師幾乎都面臨一個共同的挑戰：要教的內容實在太多，而且根本沒有足夠的時間好好教完這些內容。但是，一旦我們把這些

內容都攤開來檢視，讓它們變得具體、明晰之後，就會發現在課程規劃和教學上有個自相矛盾的奇怪之處：從老師的觀點看來，似乎**每項內容**都是重要的，而且**所有**內容都是相互關聯的——而這也就是這些內容會被選上的原因！但**從學生的觀點來看**，如果每項內容都很重要又相互關聯，那不就等於**沒有任何內容**是重要的。

請回想我們對核心問題的判準之一，是它會指向課綱標準當中更廣的、可遷移應用的想法和歷程。的確，核心問題是一項實用的工具，讓我們能將課程標準的內容做出重要性的排序，讓老師們有方法把學科內容再做整理和聚焦，使得關鍵重要的概念想法更明顯清晰。如同老師們一再告訴我們的一樣，使用核心問題來做課程教學的規劃，能幫助他們抓住焦點、去蕪存菁，並且把最重要的目標——理解和遷移應用——放在心上（在下一章裡，我們會提出如何運用核心問題來「拆解」課綱標準，及重新安排優先順序的技巧和方法）。

像歷史和自然科學這些學科，這方面的需求更是迫切。教科書裡面塞滿了無止盡的大量事實資訊，卻只有少少的組織架構，而且對學生而言往往是毫無明顯知識關聯或重點。當老師們覺得被迫要「趕完」課程標準規定的所有內容時，可能造成的結果就是一種麻痺心智的教學進行曲，老師只是帶著學生走過一堆未經篩選排序的學習素材，在課程進行中，師生沒有清楚的目標或想法來建構這些教與學的意義。

該怎麼辦呢？我們舉一位全球教育課程教師作例子，他以一系列的核心問題，把整個課程重新組織起來。這些問題不斷反覆出現，用以推動整個課程的進行，並且讓學生能夠把課程內容和自己的生活連結起來：

1. 我們如何定義自己？
2. 我們應該關心、在乎誰？
3. 是什麼因素引發衝突？為什麼人們會濫用權力來壓制他人？

4. 全球各國之間的相互依賴性，對相關的人來說，是幫助還是傷害？我們國家的經濟和政治選擇對他人有何影響？

5. 人類有權利嗎？人是「平等」的嗎？當我們說：所有人都有「人權」而且都是「平等」的，這到底是什麼意思？

6. 我們對世界上的其他人負有什麼責任？企業公司對人們負有什麼責任？

7. 世上有對和錯嗎？如果有對和錯，我們是如何知道的？一個人如何正直誠實的活在這個世界上？某個人的選擇、言語和行為會如何反應出他的價值觀？

8. 我們需要什麼樣的習慣和態度才能在生命中獲得成功？這個全球教育課程能夠幫上什麼忙？

9. 我們應該相信什麼資訊？我們怎麼知道要相信什麼？

10. 我們如何知道有關過去的知識？歷史學家的重要挑戰和責任是什麼？

在學年剛開始，這位老師示範了如何運用這些問題來分析學到的內容，而且他還協助帶領團體討論；但到了春天，他把整個課堂交給學生，輪到**學生自己**來承擔連結最近所學內容（古巴飛彈危機、南非種族隔離政策、阿拉伯之春）和核心問題的工作。運用合作學習「拼圖法」，各個小組負責研究一個特定主題，連結指定的核心問題，再向全班報告呈現他們的發現。這一系列反覆出現的核心問題為課程帶來整體連貫性和生活關聯性，同時也讓學生變得更有能力、更積極主動去將所學內容做更豐富的概念連結。

如此透過問題將課綱標準做出優先排序的做法，在遭遇到課程進度的困難時，還會有一個額外的好處。當我們把教學建立在幾個關鍵問題上，透過反覆引用不同的內容來強化這些問題時，如果遇到疾病、下雪和其他

不可抗力的干擾打斷了原來預定的教學計畫表，我們會比較容易決定要放棄哪一部分的內容。很少有老師能夠看著他們擬好的最佳課程計畫完美無缺的開花結果；也沒有哪個學年會沒有路障、減速丘、臨時轉向或霉運。但是，透過優先排序的問題來架構組織教學工作，我們更有可能讓學生的學習保持聚焦、統整連貫，當突發事件發生時，壓力也不會太大。

讓學生認清學習重點

相較於老師，學生所面對的任務可說是更艱鉅且令人卻步。做為完全的新手，他們不只要找到每個新主題、課文和活動的意義，還要弄清楚這些令人困惑、嗡嗡亂響的新刺激訊息當中，哪些是最重要的。就像核心問題對老師而言具有聚焦的作用，核心問題同樣也可以提供學生指標性的燈塔或試金石，讓他們在進入全新的知識世界時，可以持續導正、校準自己的方向。如果學生相信幾個核心問題可以把所有學習內容架構起來，並且提供一個良好的學習組織結構，那麼他們對於如何搞清楚課程內容方向的焦慮就會大大降低，靠自己組織和連結學科內容的能力就會隨之提高。

Grant 在他多年前於高中任教的經驗中，不斷見識到核心問題的力量，它能夠讓學習聚焦，也能讓學生的焦慮感降低。在新單元的一開始提出核心問題，並宣布這些問題會成為最後申論題評量的一部分，這樣做會讓學生大為放心，而且也會變得更有學習力和創造力。以下的例子引自他的英語教學：

閱讀材料：《國王的新衣》、《伊底帕斯王》、柏拉圖的「洞穴寓言」、《小熊維尼》的「維尼和小豬去打獵，並差點抓到一隻大臭鼠」。

核心問題：誰是明眼人？誰是盲目的？

寫作：針對核心問題寫筆記和申論型文章。

核心問題：我試圖表達什麼？我表達得清不清楚？有說服力嗎？是不是以最吸引人、讓人想看的方式呈現出來？

請注意，閱讀材料的選擇是故意要彰顯問題，以及對可能的答案提供不同的觀點。此外，整個單元完全是透明的，意思是，學生都知道核心問題（**誰是明眼人？誰是盲目的？**）就是最後申論型文章的基礎，所以他們的閱讀、筆記和討論都會聚焦在這個起點。

在申論型文章的寫作上，更進一步讓學生清楚明瞭的支持性做法是：讓學生以核心問題來檢視優良和不良的知識性寫作範例，並讓學生討論和推論出其他的判斷標準，用來做為他們自己作品的自我評量、同儕評論和最後的評分（這是在教育界廣泛運用評量規準的多年以前所做的事）。

有些老師會持反對的看法，認為提供給學生如此透明、清楚的標準，實際上並沒有幫助到學生，因為它破壞了他們自己發展理解的能力。我們認為這種看法有點曲解不實，大多數有經驗、有效能的老師都很準確的知道這個單元和課程要往哪個目標走，並依此來設計規劃整個教學工作。如果課程目標是豐富、有成效的學習，為什麼學生不應該也知道這個課程要往哪個目標走？讓我們再把這種透明性看得更清楚一些，請想像你的上級長官在觀察你的教學和評鑑你的表現時，完全沒告訴你他們的評鑑基準……但這就是學生在教室裡的情形——當你對於學習和評量的優先重要性和評鑑規準是模糊不清或神祕難解的時候。我們的主張很直接明白：對的問題，在一門課或一個單元開始就清楚明瞭的呈現出來，會有助（而非有害）學生的能力；對的問題會幫助他們建構意義、有效學習，並且在他們探究學習的基礎上，創造出有價值的作品和表現。

示範並鼓勵學生發展後設認知

　　核心問題能為師生做的，遠遠超過前述的學習聚焦，尤其是核心問題還示範了某些類型的思考，是學生想要獨立、高層次的學習所需要仿效和內化的思考。簡單來說，核心問題為學生示範了他們必須能夠靠自己做到的那種提問思考。

　　這也是為什麼我們認為不宜全部由學生提出探究問題的原因之一，畢竟，專家才知道什麼樣的問題最能夠促發學習和思考開花結果。雖然學生可以（當然也需要被鼓勵）提出和探究他們自己的問題，但最好的核心問題反映的是學科專家在訓練有素的探究過程中會提出來的問題和洞見（在第四章，我們會進一步討論學生主動提問和探究的角色）。

　　這種狀況明白的顯示在幾十年前 George Polya（1957）的書中，當時他提出一系列非常著名的數學核心問題，用來架構他那影響深遠的問題解決研究：

- 未知為何？已知為何？條件為何？
- 你知道相關的問題嗎？這裡有一個跟你的問題相關的問題，而且你以前解過了，你可以運用它嗎？
- 你可以重新陳述該問題嗎？
- 你可以清楚看出每一個步驟都正確嗎？你可以證明它是正確的嗎？
- 你可以驗證結果嗎？你可以檢驗論證過程嗎？
- 你可以用不同方式推演出結果嗎？
- 你可以應用結果來解決一些其他的問題嗎？

他的書的重點就是在說明數學家思考的問題——一開始由老師提出的

問題——為什麼以及到最後如何變成學生自己提出的問題，這些問題是他們往後遇到任何數學挑戰問題時，必須自己提出的問題。

這裡我們要點出一個更高層次的重點。核心問題不是僅僅保留給探索概念、主題、重要議題或價值觀之用而已，更重要的，就如 Polya 的問題所顯示的，其中有非常重要的與**歷程**和**策略**相關的問題，是有能力的專家實踐者在試圖推進思想、執行研究或改進自我表現的時候，會不斷詢問自己和彼此的。這也就是為什麼核心問題在數學、幼兒語文發展、世界／外國語言、體育和表演藝術等技能領域的重要性，其實和在歷史或自然科學領域當中是同等重要的。任何領域的成就，都必須仰賴學會提出正確的專家問題，提出有關策略、態度、結果和意義的核心問題——尤其是處於不確定和混亂當中，更需要提出正確的專家問題。

另外值得一提的重點是，如果沒有真實的問題需要解決，那麼 Polya 的問題也是沒有用的；如果只需要「代入公式立即求解」，那根本不需要策略或探究。但這樣的教育是有缺陷的，技能是工具，不是目的，重點是學會遷移應用，並且能在其他挑戰情境中表現良好，而這需要策略——特別是在面對困難障礙和不確定性的時候（就像 Polya 的問題所強調的）。無論是數學、足球或音樂領域，即使在學習基礎技能的階段，關於策略：**何時**該使用**哪個**技能，還是會有無窮盡的問題可以探討（教練之間也會有不同的看法）。

提供學科內和跨學科連結統整的機會

許多教育工作者想方設法要幫助學生看到他們所學的內容是如何在學科內和跨學科之間產生連結，核心問題提供了自然且適切的連結點。我們說「適切的連結點」，指的並不是隨意找一個主題來形成學科內和跨學科的連結。我們看過好多案例，老師和課程團隊雖然立意良善，但卻產出了

很多勉強拼湊、人工、隨意獨斷和表面化的「統整」單元。

　　這裡有一個真實的例子。一個中等學校團隊想要設計以維多利亞時代為主題的跨領域統整單元，英語／語文藝術老師讓學生閱讀狄更斯的作品；社會老師探索 19 世紀大英帝國的歷史趣聞；藝術老師則是呈現那個時期的繪畫和雕塑作品，讓學生仿效創作。但數學老師是顆頑石，她看不到數學內容中有任何可以與這個主題連結的點，所以拒絕跟著玩這個遊戲。灰心挫敗之餘，某位老師說：「拜託，一定會有什麼維多利亞時代的數學是值得教的吧！」整個團隊有點沮喪，數學最後還是退出了（幸好，自然科學在一開始就被排除在外了）。雖然我們舉了這個特別糟糕的例子，來談勉強拼湊又隨意獨斷的跨學科領域連結，但卻是個很好的警惕。

　　我們的主張是，最自然、最有效果的連結是建立在可遷移應用的重大概念（big ideas）和相伴的核心問題之上。在這個例子裡，假設那個單元是以幾個核心問題來架構，比如：**藝術和科學有多大程度可以代表或反映一個時代（的成就）？誰是富人，誰是窮人，為什麼？一個國家的財富和影響力應該被評比嗎？評比到什麼程度？研究過去可以讓我們學到什麼？**環繞著這些問題發展，這個單元在知識視野上就能更加豐富，同時也能展現出很有目的性的跨學科連結（而沒有勉強任何學科）。也請注意，這些問題同樣可以運用在其他單元的內容，比如革命之前的法國、20 世紀的美國，還有，科技和科學突破的歷史學及經濟學。確實，能不能應用這些問題去探討其他的時代和議題，是一個很好的測試指標，可以看出一個統整單元所提出的連結點究竟是自然適切，還是隨意獨斷。

　　如果教學單元設計也能以聚焦在過程的問題來架構的話，那麼核心問題的連結統整力會變得更大，比如這樣的問題：**什麼資訊或資料最能回答這個問題？我要如何找到我不知道的資訊？我怎麼知道我找到的資訊哪些是可信的？有沒有其他觀點是我應該考慮的？有什麼最好的方式能讓我展現我所學到的東西？**

支持有意義的差異化教學

在教學中，一個很基本的現實是，我們的學生之間有差異（有時還是很大的差異），在他們的背景知識、技能層次和經驗上；在他們的興趣上；在他們偏好的學習風格和展現成就的方式上。即使在一個同質性相當高的學校裡，學生之間的能力、興趣和需求的多元差異性仍然真實存在。另一個運用核心問題來架構學習的完美理由，就和這個無可避免的多元差異有關係。

但是，讀者們可能會覺得有點諷刺的發現，我們**並不推薦針對**不同群組學生使用不同核心問題的差異化教學做法。在屬操作技能性的教學裡，可以合理的依據學生的表現層次來做彈性分組，但在應用核心問題的教學上，我們認為所有的學生都應該使用相同的問題。當然，可能有些學生會更深思熟慮的思考問題，或者比其他學生更快或更有深度的理解，但這不表示我們不應該讓所有學生投入重要問題的思考探究。舉例來說，我們希望所有低年級孩子在探索數學的數字概念時，都能想想這些問題：**數字是什麼？**以及**我們可以把數字加在任何一個東西上面嗎？**同樣的，我們應該讓所有中學生都思考像這樣的核心問題：**語言文字本身有其描述事情的極限嗎？是什麼讓一首歌在你的腦海裡盤桓不去？什麼時候簡短的回答是不夠的？**

差異化教學的領頭專家 Carol Ann Tomlinson，建議老師們要展現他們對於所有學生的學習能力的尊重（Tomlinson & McTighe, 2006），實際可行的方式之一就是經常使用核心問題。透過對全班學生提出**相同**的核心問題，我們傳達給學生的訊息是：我們尊重他們的智能和思考能力。另一種做法是丟某些問題給低成就學生——這行為傳達出你對他們期望是降低的，可能會讓學生認為你不尊重他們。

對不同群組的學生使用相同的核心問題，在學科內容教學時會有一個

好處。在「一個尺寸適用所有學生」的教學裡，無可避免會有一些能力比較弱或欠缺自信心的學生感到迷惑或進度落後，而能力比較強的學生則會感到無聊，以核心問題來架構教學可以改善這兩極的反應。回想一下全球教育課程的例子，每個核心問題都很容易理解，而且每個學生都有可能在這些問題中至少找到兩、三個感興趣的問題。持續、反覆的回到這些問題來討論，會讓那些學習有困難或進度落後的學生有更多接觸點和機會「重新進入」學科內容裡面。而且，因為課堂持續關注的焦點是問題，而不是內容，所以即使是能力差的學生也可能因足夠的學習磨練而成為某一個或兩個問題的專家，從而發展出他們在傳統課程裡通常不會感受到的自信心和效能感。

是的，但是……

　　儘管我們的說明和研究文獻裡都詳載了高層次提問的正向效應和諸多好處，當我們推薦使用核心問題時，許多立意良善的合作老師還是會很快的表達出心中的不安，「這些都很好、很棒，」我們聽到這樣的話，「但是我們有太多內容進度要趕，沒有空讓學生去探究、討論和辯論。再加上，考核我們教學績效的測驗又不考這樣的問題，我們畢竟還是要為這些測驗做準備啊。」

　　我們尊重老師們的想法，但請容我們表達不同的意見。首先，一位教育者的工作不僅僅是**教完**（cover）內容進度，我們的角色是要引發學習，而非僅是說明事物。我們的任務是**啟發**（uncover）學科內容裡的重要想法和歷程，好讓學生能夠做出有用的連結，也具備相關知能，能用有意義的方式遷移應用他們所學到的東西。如果我們設定自己的角色，基本上只是一個傳達知識內容的人，那麼在課堂上快速的說話應該是最理想的教學方法！但如果我們希望讓學生試著去建構意義，以達成理解學習內容

的目標，那麼核心問題就可以做為促進學生精熟學科內容的媒介。

　　至於績效責任測驗的顧慮，長久以來，我們一直認為這樣的擔憂反映的，其實是老師們不夠了解高風險正式測驗的特性，以及要讓學生的測驗分數提高需要怎麼做。當老師們覺得自己被迫（通常是因為承受來自短視近利的行政人員的壓力）要為考試而教學，而必須**犧牲**更有意義、更投入的學習時，我們只能說這樣的教育制度有點悲哀。綜合許多研究文獻結果指出，在課堂教學中，以及在地方性的（學校／班級）評量考試裡增加高層次思考問題的數量，會顯著提升學生在標準化測驗的成就（Marzano, Pickering, & Pollock, 2001; Newmann, 1991）。此外，因為目前的績效責任測驗主要是使用選擇題型，就以為這些考題大都是要求記憶和辨識的低層次問題，這也是錯誤的推論。根據州立測驗、全美教育進展評量（NAEP）和其他國際評比（TIMMS、PISA）所釋出的題目和測驗結果來分析，結論顯示，學生最常答錯的問題，大都涉及多步驟的推理和推論——以更廣的名詞來說，就是**遷移應用**的題型。學生唯有學會如何將自己所學的應用到一個新文本或問題情境中，才能答對這些題目，取得高分。趕著教完進度和記憶背誦式的學習是**無法**提升測驗表現的。老師們為了提升標準化測驗的分數，選擇為考試而教學，但結果卻經常失望，我們實在應該深入思考問題何在，並且質疑和檢視這種方法背後站不住腳的邏輯。

　　因此，在一個追求特定知識、技能和內容理解的績效責任制度裡，提倡以問題為本的課程架構，基本上是互不衝突的。因為理解和遷移應用都要求**學生這一端**主動積極的建構意義，也因為長期和靈活彈性的記憶需要有一個組織想法的心智架構，讓內容知識放置在適當的位置上，所以，只有為理解而學習的學生能夠在標準嚴格的測驗中有好的表現。

　　我們相信，你現在已經更了解什麼是核心問題，及它們對學習的重要性——也就是了解核心問題的「理論」了，所以從第三章開始，我們要轉

向實務問題。好的核心問題從何而來？針對特定學科和課程，我們可以考慮使用哪些種類的問題？我們要如何設計核心問題，以最好的方式架構學習？

常見問與答

Q： 雖然閱讀和數學測驗的問題可能需要高層次的思考及遷移應用（例如，詮釋新文本段落和解決多步驟的文字應用題），但大部分社會和自然科學的問題似乎都涉及事實的記憶。應用核心問題和探究，能夠如何幫助學生具備應付這類測驗考試的知能？

　　我們同意有很多測驗涉及記憶和低層次的思考，然而，在邏輯推論上仍無法如此簡單的說：「教完進度」和「為考試而教學」，就是讓學生能夠應付這類型考題的最佳方式。這是因果關係的混淆。贊同教完進度的主張底下，有兩個潛在的假定：一是「如果我把它教完了，那你現在已經知道了，在考試中一經提示，你就應該能夠輕鬆的把它還回來」，二是「因此這是準備考試最有效的方式」。但是我們只要想想自己班上表現比較好和比較差的學生，就會知道這樣的主張是沒有任何支持證據的，對於那些缺乏心智組織架構、沒有能力歸納所學內容的重要順序、不知道如何連結先前所學知識和經驗的學生來說，他們會覺得一開始的學習內容就很困難，要轉化成長期記憶根本不太可能。「教完進度的老師」混淆了輸入和輸出，把希望的效果誤想為實際的結果。「講述式的教學」只對那些最聰明、最有能力、最有動機的學生有作用。

　　當外界標準化測驗的問題跟教師班級評量的問題看起來不一樣的時候，更有可能出現「因趕著教完進度而導致低度學習成效」的結果。就如遷移應用能力的研究文獻清楚顯示的，只學會記憶背誦學習的學生，在面對、處理不熟悉或看來全新的測驗問題時，成功的比例很低。

最後，我們想提醒大家，根據我們核對、比較地方性測驗和州立測驗題目的結果，發現：地方性測驗會模仿州立測驗問題的**外在形式**（format），但學不到它的內在**嚴謹度**（rigor）。通常，地方性測驗（即使是在成績很高的學區）相較於州立和全國性的測驗，高層次思考問題的比例還是少很多。

Chapter 3

如何設計核心問題？

　　現在，既然你對核心問題的特徵和目的已經有比較清楚的理解了，我們就可以把注意力轉向設計。在本章當中，我們會探討這些問題：在形成教學單元時，我們可以如何想出有效的核心問題來架構整個單元？當我們在發展核心問題時，有什麼需要謹記在心的設計策略和訣竅？我們應該如何修改、調整現有的問題，讓它們變得更「核心」？

▋如果內容是一個「答案」……

　　我們在第一章討論過，發展核心問題的一個方法，可以透過這個思考實驗看出來；假如課程綱要標準的文件資料（或教科書）裡明白標示了某些內容是學生必須學習的「答案」，那麼導出這些答案的問題是什麼呢？例如，如果「政府的三個重要部門」是要求的學習結果，什麼問題可以幫助學生理解它背後潛藏的想法及其價值？這些問題如何：**為什麼在政府裡面需要權力制衡？我們可以怎樣避免權力濫用？領導者應該如何被「檢驗和制衡」？**從這些範圍比較廣的核心問題中，我們可以針對這個議題提出一個比較具體的問題：**為什麼聯邦主義者提倡權力制衡？而反對黨的論點是什麼？美國政府三權分立的結構有多有效？有沒有其他可行的替代做法？**我們也可以提出更普遍化的問題：**在什麼時候分享權力是睿智的？什麼時候我們會透過分享權力而獲得（或失去）權力？權力制衡是否無可避**

免的會導致政府內部的衝突僵局？

　　這裡的重點十分明顯──用這種方式來詰問學習內容，我們可以讓學生投入思考和建構意義的過程，並逐漸了解這些內容的意義與重要性。另一種選擇，我們可以教學生記住政府有三個部門以及每個部門的角色等等的事實，但是這種教法會有什麼效果、能多吸引學生？這種記憶背誦式學習可以讓學生了解有關政府的當前狀況和未來議題嗎？顯然不行。

拆解課程綱要標準來發展核心問題

　　核心問題也可以從國家、各州和縣市的課綱標準產生，以下介紹一個省時有效的「拆解」課綱標準的流程。首先檢視一系列的標準，並找出列在上面的關鍵**動詞**和**名詞**（特別是那些重複出現的名詞）。通常，在陳述句中，跟關鍵動詞有關的名詞就會指出重要的概念，而這些就可以成為學生探究的重要問題的基礎。表 3.1 列出幾個例子，分別是美國各州「共同核心課程標準」（Common Core State Standards）的英語／語文和數學領域，以及「新世代科學標準」（Next Generation Standards，草案）的自然科學領域，關鍵動詞以楷體字表示，關鍵名詞用粗體字表示。

表 3.1　拆解課程綱要標準以發展核心問題

英語／語文課程標準， 閱讀──主要想法和細節	相關的核心問題
1. 仔細閱讀，決定文本當中直接說了什麼，並從中做出合理的推論；在寫作或說話時，引用特定的文本證據來支持從文本歸納出來的結論。	• 根據文本的內容，我可以做出什麼合乎邏輯的推論？ • 文本裡的哪些證據能夠支持我的想法？

表 3.1　拆解課程綱要標準以發展核心問題（續）

2. 決定一個文本的中心想法或主題，並且分析它們的發展；總結主要的支持細節和想法。	• 貫串全文的中心想法是什麼？ • 那個想法是如何被發展出來的？ • 有哪些文本細節可以支持我對於這個中心想法的論證？
數學內容標準	**相關的核心問題**
1. 了解加法是總合和增加，了解減法是拆開和拿走。	• 這些部分加總起來會變成什麼？ • 剩下什麼？ • 什麼應該被拿走？
2. 定義、評鑑和比較函數公式。運用函數公式來展現數值之間的關係。	• 這些不明確的資料當中，存在著函數關係嗎？
數學操作標準	**相關的核心問題**
1. 弄清楚問題的意思，並能堅持不懈的解決問題。	• 有效的問題解決者會怎麼做？ • 當我卡住的時候應該怎麼做？
2. 有策略的應用適當的工具。	• 如果目標是有效率又有效能，那這裡要用哪個最適合的方法或工具？ • 什麼工具有助於把這個工作做得有效率又準確？
新世代科學標準	**相關的核心問題**
1. 計畫和執行研究，找出力對於一個物體的狀態和方向的作用和影響。	• 為什麼這個物體會那樣移動？ • 為什麼這個物體是那樣的狀態？ • 是哪些作用力造成那樣的影響？

資料來源：CCSS:© Copyright 2010. National Governors Association Center for Best Practices and Council of Chief State School Officers.

　　同樣的流程可以用來分析任何來源的課程標準和成就指標。下述的例子分別是藝術和體育領域的標準，以及適用的總括式和主題式問題：

標準：了解舞蹈是一種創造和溝通**意義**的方式。（National Art Education Association, 1994）

總括式核心問題：藝術家如何以最好的方式來表達他們的想法和情感？使用的媒介會如何影響他們傳達的訊息？

主題式核心問題：我們可以透過舞蹈表達什麼樣的想法和情感？肢體動作要如何傳達情感？

標準：應用運動的**概念**和**原則**來學習與**發展肢體動作技能**。（National Association for Sport and Physical Education, 2004）

總括式核心問題：什麼樣的回饋最能夠提升或改進表現？哪種練習可以「熟能生巧」？

主題式核心問題：我們要如何使出最大力量來擊球又不會失控？怎麼樣才能讓距離、速度和準確度都達到最佳的程度？

請你自己試試用這個方式來拆解課程標準〔更多有關拆解課程標準的做法，請參見模組一（Wiggins & McTighe, 2012）和「重理解的課程設計：入門」課程（ASCD 專業發展線上課程）〕。

從期望的理解來推衍核心問題

如同第一章提到的，核心問題是跟我們想要學生理解的重要想法連結在一起的，這些想法存在於所有學科的核心，它們是永恆跨時空的、貫穿許多主題的，並且具體顯現在**概念**（如：現代的世界是「平的」）、**主題思想**（如：愛能征服一切）、**議題和爭論**（如：先天自然相對於後天養成）、**自相矛盾的悖論**（如：富有之中的貧窮）、**複雜的歷程**（如：科學變項的獨立和控制）、長久存在的**問題和挑戰**（如：全球暖化）、很有影

響力的**理論**（如：命定擴張說[1]）、早已確立的**政策**（如：法定退休年齡）、關鍵的**假定**（如：市場是理性的），或不同的**觀點**（如：恐怖分子相對於自由鬥士）當中。這些概念類別在產生核心問題時，可能會很有用，表 3.2 是以營養為主題所做的示例。

表 3.2　從概念類別到核心問題：以營養為主題

概念類別	例子	核心問題
概念	肥胖	什麼是理想體重？
主題思想	「均衡的」飲食	我們應該吃什麼？
理論	飲食影響生命長度	我的飲食會如何影響我的生命？
政策	政府針對含糖飲料和酒精飲料課稅或頒發禁令	政府應不應該管人們吃什麼和喝什麼？
議題／爭論	綜合維他命和基因改造食物的價值	「天然的」食品比較好嗎？
假定	一天三餐是最好的	我們應該吃多少？多久吃一次？
觀點	美國雞蛋聯盟：「神奇好吃的蛋」美國心臟協會：「控制膽固醇」	關於飲食的事情，我們可以相信誰？

　　理解，是你期望你的學生針對重要想法做過一番探究後，所能夠獲得的洞見、推論或結論。在《重理解的課程設計》（Wiggins & McTighe, 2005）一書中，我們建議課程計畫人員以**完整句子**的陳述來架構期望學生達到的理解——把你希望學生如何理解重要想法的具體細節寫出來，例如，「我希望學生能夠理解一套成文憲法和立法通過的法律規則是民主社會中確保公民權利的基礎。」

---

[1] 譯按：19 世紀鼓吹美國對外侵略擴張為天命所定的一種理論。

對事物的理解是一種抽象概念，不是具體事實，所以它們並不是我們一般傳統認為「可以教」的東西。理解之達成，只能透過引導式的推論過程，讓學生在老師的協助下，自己歸納、認清或確證某個結論。這個重點說明了核心問題在理解式教學的關鍵角色。正如這本書的書名所說的，核心問題的功用是開啟學生理解之門，也就是說，透過持續的探索核心問題，學生更有可能「逐漸達致」某種理解。換言之，核心問題幫助學生從一堆抽象難解的概念和互無關聯的事實當中建構出意義。

因此，一個直接的方式就是從期望學生達致的理解來推衍、產生核心問題。表 3.3 舉出了各種不同學科領域的例子。當然，反過來說也是對的——從核心問題可以推衍、產生期望的理解。

表 3.3　從期望的理解產生的核心問題

期望的理解	可能的核心問題
來自不同文化的偉大文學作品，會探討恆久存在的主題，揭露人類情境中不斷重複出現的面向。	• 在別的時空情境下發生的故事，和我有什麼關聯？
統計的分析和呈現，通常顯示出資料的趨勢／模式，讓我們能預測未來走向。	• 你可以預測未來嗎？ • 接下來會發生什麼事？你有多確定？
人類會同時處理口語和非口語的訊息。當你傳達的口語和非口語的訊息一致時，你的溝通表達會更有效率。	• 是什麼讓偉大的演講者變得偉大？ • 偉大的演講者如何運用非口語的訊息？
真正的友誼不會在共享樂時顯現，而是在共患難的時候顯現。	• 誰是「真正的朋友」？你是怎麼知道的？
有效的說服專家會運用符合觀眾需求、興趣和經驗的方式和技巧。他們也會預期可能出現的反對意見，並提出反駁。	• 我要如何變得更具有說服力？

從總括式核心問題來發展

在第一章我們提到核心問題的大小和範圍都會有所變化,也把範圍較廣泛的核心問題稱為「總括式問題」,因為它們超越任何特定的單元主題,有時甚至超越學科領域。雖然典型上,總括式問題比我們在探索特定主題所用的問題更廣泛,但應用它們來產生主題單元裡的核心問題,卻是非常有用的。請參閱表 3.4 的例子,看看如何從比較廣泛的(總括式)問題推衍、產生主題單元的核心問題。

表 3.4　從總括式核心問題發展主題式核心問題

學科	總括式核心問題	主題式核心問題
文學	• 一個偉大的故事是由什麼構成的? • 厲害的作家會如何吸引和留住讀者?	**神祕小說單元** • 神祕小說這個文類有什麼特殊之處? • 偉大的神祕小說作家如何吸引和留住讀者?
公民／政府	• 我們如何以及為什麼要監督和制衡政府的權力?	**美國憲法單元** • 美國憲法用什麼方式試圖限制政府權力的濫用?
視覺藝術	• 藝術如何形塑及反映文化? • 藝術家會如何以最有智慧的方式選用工具、技術和媒材,來表達他們的想法?	**面具單元** • 面具及其應用反映什麼樣的文化? • 不同的文化選用什麼工具、技術和媒材來製作面具?

（續下頁）

表 3.4　從總括式核心問題發展主題式核心問題（續）

學科	總括式核心問題	主題式核心問題
自然科學	• 一個有機體的結構如何讓它在環境中繼續生存下去？	**昆蟲單元** • 昆蟲的身體結構和行為如何讓牠們繼續生存下去？
社會	• 人們為什麼要遷移？	**移民單元** • 引起今日全球移民的因素是什麼？
數學	• 如果公理（axioms）就像比賽的規則，我們應該使用哪些公理來讓比賽進行得最順暢？我們又應該在何時改變規則？ • 如何區別必須且重要的「已知」和任意非必要的「已知」？	**歐幾里得平行公設單元** • 公理應該像這個歐幾里得平行公設這麼複雜嗎？ • 這個公理有多重要？是什麼讓它這麼重要？

以下這一系列數學的總括式核心問題，是由康乃狄克州米德伯里鎮龐泊羅地區的十五學區學校發展出來的：

• 我們如何使用數學來量化和比較情況、事件及現象？

• 這些物體或過程有什麼數學特性？該如何測量或計算它們？

• 我們如何運用空間關係，包含形狀和維度，來描繪、建構、模擬及表徵真實的情況或解決問題？

• 我們如何運用數學來測量、模擬和計算改變？

• 我們收集到的資料當中有什麼規則或模式？而它們有什麼用途？

• 我們可以如何運用數學來提供模式，以幫助我們解讀資料並做出預測？

- 可以用什麼方式呈現資料，好讓它們準確的意義可以簡明扼要的呈現給特定觀眾了解？
- 數學模式和資料的圖表如何幫助我們更加了解我們生活的世界？
- 有效的問題解決者會怎麼做？當他們卡住的時候，他們會怎麼做？

　　這些總括式核心問題確定了以後，數學老師們發現他們可以有效又多元的運用這系列的問題，幾乎每個年級的概念和技能都能抽取其中的某些問題來幫助學生學習，因此他們不需要為每一個單元主題去設想新問題！這種總括式核心問題可以有效的**跨越**年級層次，透過不斷反覆的提問，與越來越複雜的學習內容產生連結。的確，環繞著一系列反覆出現的問題而組成的「螺旋式」課程，可以為發展與深化學生對於學科內和跨學科重要基本概念的理解，提供必要的統整連貫性。

　　所有的學科領域都可以發展總括式核心問題，一旦發展完成，它們就能協助教師去創造、研發出更聚焦於各種主題的問題版本。另外對學生也有一個好處：跨學年持續應用這些反覆出現的問題去探索不同的主題，學生會逐漸「看到」學科內容核心的那些比較重大、可以遷移應用的想法或概念。

考慮學生可能有的或可預期的迷思概念

　　另一個可以找到核心問題的豐富來源，是學生對於細微隱約和抽象難解的想法常見的誤解或迷思概念。有經驗的老師會注意到這個趨勢：對於某些觀念和技能，經常會看到學生表現出很基本的誤解；而且，關於學生的迷思概念，也有不少廣為接受的研究文獻，特別是在自然科學和數學領域，可以用來發展有效又有用的問題。表 3.5 呈現的是一些迷思概念的例子，以及相關的核心問題。

表 3.5 迷思概念和相關的核心問題

迷思概念	可能的核心問題
如果它被寫出來（在教科書、報紙，或維基百科裡），那它一定是真的。	• 在我們閱讀的資料裡，如何知道我們該相信什麼？
等號（＝）代表的是你必須找到唯一的標準答案。	• 這些數值是相等的嗎？ • 有一個相等的數值可以簡化這個問題並且幫助我們解決它嗎？
科學的方法不過就是嘗試錯誤。	• 有哪些關鍵的變項是需要控制的？ • 什麼是有效能又有效率的研究？ • 我們要如何檢驗一項科學主張的有效性？
你要不就是天生有能力（像畫圖、唱歌、手眼協調能力佳），要不就是沒有。如果你沒有天生才賦，最好就是放棄。	• 是什麼讓一位好藝術家變得偉大？ • 天才是百分之九十的汗水加百分之十的靈感（以愛迪生的話來說），這句話有多少為真？ • 我們要如何提升藝術的表現？ • 我可以如何改進我的表現？

　　因為新學習是建基在先備背景知識上，所以老師在剛開始教授新內容的時候，有必要使用前測來找出學生腦中可能潛在的迷思概念，在這一點上面，核心問題也可以當作前測的問題，是很有效的檢核工具。

考慮理解的多元層面

　　在《重理解的課程設計》（Wiggins & McTighe, 2005, 2011, 2012）系列書中，我們提到理解可以透過多元層面或指標來予以評量，並指出六個層面——**說明、詮釋、應用、轉換觀點、同理**和**自我評量**的能力。雖然原

本是預定做為理解的指標，但事實證明這些層面有助於產生教學問題，包含核心問題。表 3.6 以這六個層面為基礎，呈現一系列的問句形式和提示動詞。

表 3.6　以六個理解層面為基礎的問題形式、動詞和核心問題

理解層面和問題形式	提示動詞	核心問題範例
層面：說明		
_____ 是怎麼形成的？為什麼會這樣？ 是什麼引起 _____？ _____ 的影響是什麼？ 我們可以如何證明／確認／合理化 _____？ _____ 如何連結到 _____？ 我們可以如何幫助別人了解 _____？	• 連結 • 示範操作 • 導出、推知 • 描述 • 設計 • 展示 • 表達 • 引起、導致 • 指導 • 合理化 • 模範 • 證明 • 展現、表演 • 綜合、統整 • 教導	911 攻擊事件的起因和影響是什麼？

表 3.6　以六個理解層面為基礎的問題形式、動詞和核心問題（續）

理解層面和問題形式	提示動詞	核心問題範例
層面：詮釋		
＿＿＿＿ 的意義／意涵是什麼？ ＿＿＿＿ 顯示了什麼有關 ＿＿＿＿ 的訊息？ ＿＿＿＿ 跟我（我們）有什麼關係？ 所以呢？為什麼它很重要？	• 創造類比 • 評論 • 舉例說明 • 建構意義 • 理解 • 提供比喻 • 讀出字裡行間的言外之意 • 呈現 • 說一個有關的故事 • 翻譯，轉譯	為什麼他們恨我們？ （或，「恨」是正確的字眼嗎？）
層面：應用		
我們如何以及何時可以運用 ＿＿＿＿？ ＿＿＿＿ 要如何應用在更廣大的世界？ ＿＿＿＿ 可以如何幫助我們去 ＿＿＿＿？ 接下來會發生什麼事？	• 適應，改造 • 建立／建構 • 創造／發明 • 移除錯誤 • 決定 • 設計 • 表現，實作 • 製造 • 提議 • 解決 • 測試 • 使用	什麼可以預防另一個 911 事件？ （或，我們能預防嗎？）

表 3.6　以六個理解層面為基礎的問題形式、動詞和核心問題（續）

理解層面和問題形式	提示動詞	核心問題範例
層面：觀點		
關於 _____ 有什麼不同的觀點？ 從 _____ 的觀點來看，這件事可能是什麼樣？ _____ 跟 _____ 有什麼相同或不同？ 這是誰的故事？	• 分析 • 論證 • 比較 • 對照 • 評論 • 評價／評鑑 • 推論	伊斯蘭教聖戰組織如何看待 911 事件？
層面：同理		
處在 _____ 的情境下，會是什麼樣子？ 如果你是 _____，你會有什麼感受？ _____ 對於 _____ 可能會覺得怎麼樣？ _____ 試著讓我們感覺／看到什麼？	• 像……樣子 • 對……保持開放 • 相信 • 考慮 • 想像 • 描述 • 角色扮演 • 模擬	自殺炸彈客的動機是什麼？
層面：自我認識／評量		
我真正知道什麼？我怎麼知道的？ 我對於 _____ 的知識限制在哪裡？ 我的「盲點」是什麼？ 在 _____ 方面，我的優點和缺點是什麼？ 我對於 _____ 的觀點是如何受到我的經驗、習慣、偏見、文化等等的影響？	• 覺察到 • 發現 • 認識，認清 • 反省 • 自我評估	911 事件以什麼方式改變了我或我的人生？

核心問題與技能

　　與我們合作過的老師通常會發現，從概念主題（如：文學的主題、科學的原則、歷史的規律）比從基礎技能學習（如：音樂樂器、運動、世界各國語言的初階學習）來發展核心問題，要自然容易得多。我們也確實遇過一些老師，他們宣稱因為「我只教技能」，所以核心問題根本不適用於他們。雖然我們能理解他們在意的點，但就如前面章節提過的，我們並不同意他們的結論。

　　有關目的和策略的重要思考，是所有技能達到精熟的潛在條件，而這些思考就是形成各種核心問題的基礎，就像第二章提到的 Polya 在解決數學問題所使用的核心問題。事實上，以技能教學的終極目標——流暢又彈性靈活的表現——來說，思考這類的問題是**必要的**。我們發現，可以用這四類和有效技能學習相關的想法來架構各種核心問題：(1) **重要概念**，(2) **目的和價值**，(3) **策略和作戰方法**，(4) **應用的情境條件**。

　　我們來想想一個體育和運動的例子。對於那些使用長握把物體來擊球的運動，比如棒球、高爾夫球、棍網球、曲棍球和網球，它們的**重要概念**包括力道、力矩和控制。因此可以如我們建議的，形成一個問題來探討這些想法，比如：「力矩如何影響力道？」或者更廣的層面，我們可以提出「你要如何用最大的力量擊球而不讓球失去控制？」這個問題，來幫助學生發展出擊球的有效**策略**（比如，眼睛盯著球，或者，攔截並帶球過場）。第三個問題跟**情境條件**有關：「什麼時候我們應該輕輕揮棒或揮拍？」

　　同樣的類別在學科技能領域也有用，比如閱讀：**你怎麼知道你讀懂了現在正在閱讀的內容？**（重要概念）；**讀者要經常監控自己的理解，這有多重要？**（目的和價值）；**當讀不懂或不了解文本內容的時候，好的讀者會怎麼做？**（策略）；以及，**我們何時應該使用「修正」策略？**（應用的

情境條件）。表 3.7 呈現其他技能教學可用的核心問題。

表 3.7　技能、策略以及相關核心問題

學科	技能	策略	相關核心問題
閱讀	把不熟悉的字「猜出來」	運用上下文線索來猜出、弄懂那個字的意思	• 這個作者試圖表達什麼？ • 我要如何推論或找出這些字可能的意思？
寫作	仿照五段式論說文結構	依據你的目的和讀者來選擇你的用字遣詞	• 面對這些讀者，我要運用什麼最好的方式來達成我的目的？
數學	分數的除法：分子分母顛倒再相乘	問題解決： • 簡化等式的表達 • 從最後的結果往回推算	• 我要如何把未知變成已知？ • 哪一種最後形式是最直接明瞭的？
視覺藝術／繪圖設計	用色片轉盤來選出互補色	運用顏色來強化你想要激發觀眾感受的情緒	• 我嘗試要讓觀眾感受到什麼？ • 最佳的表達方式是什麼？如何做到？
木工	使用帶鋸時，會應用適當的技巧	測量兩次，鋸一次	• 我如何運用最節省時間、金錢和力氣的方式？
器樂和鍵盤樂器	不斷練習演奏技能，達到自動化程度	要最有效率的運用練習時間，你必須有清楚的目標，持續不斷的監控表現，尋求和注意傾聽他人的回饋意見，並且做出需要的調整	• 如果說練習會造就完美，那什麼會造就完美的練習？

就如前面章節提到的，在判斷一個問題是不是核心問題時，目的是最重要的判斷標準。因此，在鎖定技能的學習中，為了要激發真正的探究，而非僅是提出誘答式問題，就需要凸顯出有關策略和價值的問題或挑戰，讓學生一定要實際練習如何做出有策略的判斷與決定。

　　因此，技能領域的問題要成為核心問題，只能在實作表現的挑戰情境中提出來，讓學生必須持續不斷的思考判斷和練習調整。在真實世界的技能應用，記憶背誦式的學習往往是不夠的，技能是工具而非目的，它們的目的是**遷移應用**——在各種不同的情境中，流暢、靈活彈性又有效的表現出來。這樣的學習成果要求學生必須具備全套的技能，並且能夠從中做出明智的選擇——也就是，在面對複雜的表現挑戰時，**了解何時、如何**及**為何要使用哪一項**技能。

調整修改核心問題

　　要發展出良好的核心問題並非易事，即使是經驗老到、對自己教授學科擁有淵博知識的老師也說過：要精煉出核心問題真是困難。就如 Jerome Bruner（1960）的名言：「以特定的學科內容或某個概念來說，我們很容易提出一些瑣碎、無關緊要的問題⋯⋯也很容易提出困難到無法回答的問題，訣竅在於找到介於中間的問題，是可以回答又能夠帶你到達某個目的地的問題。」（p. 40）

　　的確，發展良好核心問題的能力是一種需要學習的技能，而且很少有人第一次嘗試就能創造出完美的核心問題。我們發現，把設計核心問題想成某種形式的寫作是有幫助的，就像寫作歷程本身一樣，它通常需要打草稿、回饋與修改。

　　在檢視和修改核心問題時，基本的提醒是：以第一章呈現的七項定義特徵來評斷這些問題。同時，把你的草稿問題拿給其他老師看（特別是那

些了解核心問題的老師），並請他們給你回饋。在課程計畫的過程中，你會很容易變得跟你的工作太親近，或遇到寫作的障礙，有時候需要的只是另一雙眼睛來幫你點亮一個突破點。

壞消息是：如同前面提過的，寫出符合我們的標準的核心問題並非易事。而好消息是：這是一項隨著練習就會增進的技能。為了幫助你建立這一系列的技能，請研讀表 3.8 所示的「最初和修改後」欄位裡的核心問題，了解如何修改調整問題，以及相關的評論。

表 3.8　修改核心問題

最初的問題	對草稿的評論	修改後的問題	對修改後的評論
什麼是非虛構／知識類的文章？	這是一個可以清楚、毫不含糊回答的定義性問題。	非虛構／知識類文章的作者在闡述自己的論點時，有多少自由空間？	這個版本的問題會探索過去歷史和當代關聯之間有趣的灰色地帶。
這份飲食建議和政府的營養指南是否相符？	這個問題需要一些分析和評估，但它可以有「正確」答案。	我們應該吃什麼？	這個問題比較開放，有許多帶出探究和辯論的可能。
砍伐熱帶雨林有什麼利益？	這個問題需要一些資訊蒐集和分析，但結果只是條列式的項目。	砍伐熱帶雨林所付出的成本，到什麼程度會超過它所得的利益？	這樣的修改能加深加廣探究，需要更複雜的分析；也比較可能引發對條列的贊成與反對意見進行辯論和深入探討。

（續下頁）

表 3.8　修改核心問題（續）

最初的問題	對草稿的評論	修改後的問題	對修改後的評論
我們社區裡有誰說西班牙文？	無庸置疑的，這是一個要求條列出答案的問題（雖然可能需要做一點探究）。	在我們社區裡，如果你只會說英語，你的生活會如何？（會過得比較好或比較差？）	這個修改後的問題比較能刺激思考，需要更多的分析和觀點的轉換。
你的答案準確嗎？	這個問題引出一個明確直接的答案。	你的答案是否準確切合這個情境條件？	這個版本比較開放，而且能讓學生思考情境條件如何影響、決定準確答案的適合程度。
印象主義藝術的特色是什麼？	這是一個誘答式問題，有一組預設的特徵做為答案。	藝術家為什麼、怎麼樣突破傳統？影響又是什麼？	這些問題需要回顧、檢視藝術發展的趨勢，學生要做更廣泛普遍的思考推論。
什麼類型的運動可以促進健康？	這個問題涉及研究，但卻是誘答式問題：答案是簡單明確的。	「一分耕耘，一分收穫」——你同意嗎？	這個修改後的問題比較能刺激思考，可能會引發討論和辯論。

　　你有注意到這些修改的共通之處嗎？它們會從聚斂性問題轉變成更開放、更細微的問題；修改過的問題版本暗示著這問題可能存在幾個合理的答案，或者必須要深思熟慮去判斷。它們需要進一步探究和延伸思考，而且隨著理解加深，答案可能會再調整修正，甚至要重新想過。請注意，雖然最初的問題也可以用來當作某個主題研究單元的一部分，但是它們並不

是架構整體探究學習的最佳問題。

你可能也注意到，提出問題的時候有一些簡單的技巧：**到什麼程度？會如何？有多少？**這些微小但有用的修改，會讓學生更清楚知道：這些問題並非只有單一正確的答案，而是有**一些**可能的答案。

當然，測試核心問題的最佳時機是應用的時候。它實際上有沒有讓學生投入豐富的探究？它是否能激發思考、討論，甚至辯論？它是否能激起重新思考和更進一步提問的火花？它是否導致更深入的覺察、洞見重要的事物？如果不行，就需要修改；如果可以，你的問題已經發揮了它的效用。

常見問與答

Q：一個教學單元應該有多少個核心問題和相應的理解目標？

答案大部分要視這個單元的範圍和時間架構而定，為期兩週的單一學科主題單元，比起為期十二週的跨學科單元，核心問題和理解目標可能比較少。話雖如此，我們常見的是，一個為期三到四週的單元有兩個到四個核心問題。請記得這個重點：重要的是品質，而非數量。一個設計了較多符合指標的核心問題（和相關理解目標）的單元，未必就優於較少核心問題的單元。就這方面來說，改編美國海軍陸戰隊招募人才的標語可能滿合適的：我們尋求的是「少數夠好的」探究問題。如果它們真的是核心問題，就能夠（也應該）建立起學習重要性的優先順序，也可以幫助學生發現關鍵的想法。不要列出一些你根本不想透過討論、研究、問題解決或其他建構式學習工具去主動探究的問題。最後，謹記在心：一個真正的核心問題是我們會在整個單元中持續反覆探討的問題，所以我們不需要太多問題。同理，理解目標也是如此：重要的是那些應該反映出學生遷移應用的「重大概念」，因此我們只需要幾個目標就足夠了。

Q： 針對每個預定的理解目標，都應該有一個相應的核心問題嗎？

　　雖然我們不需要尋求一對一的對應，但在核心問題和理解目標之間應該有清楚的關聯性。把核心問題視為探索重大概念的敲門磚，將引導學生達到期望的理解目標。因此，如果你在一個單元中找到一個或更多重要的理解目標，你就應該有一個或更多相應的核心問題。一個簡單的測試方法是在 UbD 單元計畫模組上，畫線連結出理解目標和相關的核心問題（請參考 Wiggins & McTighe, 2005, 2011），如果出現一個「獨立、沒有連線」的理解目標或核心問題，就表示有需要增加（或刪去）理解目標或核心問題，讓兩邊對準、一致。

Chapter 4

如何運用核心問題？

　　現在，你對於核心問題的特徵，以及設計核心問題的方法已經比較了解了，接下來我們就來談實施執行的問題：核心問題應該如何運用才能確保學生能夠有意義的投入、持續的探究、深刻的思考，並在必要時重新思考，以達到理解？

　　在這一章，我們介紹務實的訣竅和技術，幫助你從你設計的核心問題獲得最多的好處。雖然在第六章，我們將會更深入細節去探討如何在教室裡建立「探究文化」的方法，但在這裡，我們還是必須強調「探究文化」的重要性，它是成功實施的關鍵。

　　沒有任何方案、行動或政策保證會成功。就好像任何的種子要發芽，必須先培養好苗圃的土壤，使其有利生長；教育的苗圃涉及了信念、價值觀、結構、日常行事作息、班級常規和教室氣圍等等的因素，它們會左右行為、形塑態度與影響學習，在一個健康的文化裡，每個人共享同樣的目標，並且為了達成目標而一起行動。

　　種子和苗圃的比喻，從另一種意義來說，也很重要。學生在面對有挑戰性的問題時，很多最好的回應在一開始是猶豫試探、滑舌狡辯，甚至是天真幼稚的，因此，每個回應都像一棵具有潛力的小幼苗，需要培養和偶爾的修剪。同樣的，要學生放心分享和修正萌芽中的想法，只可能在鼓勵心智冒險的教室氣圍中才會發生。另一方面，教室文化也必須建立在大家都致力於提出合理的證據和健全的推論，任何欠缺適當推論和支持證據的

意見，都會被認為是不足的。因此，如果我們重視開放但訓練有素的探究，如果我們尋求深思熟慮而非不經思考的問題回應，那麼就必須依此來形塑教育環境，我們得保證教室是一個有利於放聲思考、安全且吸引人的空間，同時也清楚的說明某些習慣、信念、行為和發言可能會傷害自由思考與協同探究的目標。

全新的規則

　　清楚明確的思考如何創造支持探究的教室文化是很重要的，因為當學校教育的焦點是放在核心問題上的時候，將會為學校建立新的遊戲規則。對大多數學生來說，學校是一個老師擁有答案的地方，老師在教室裡提出問題的目的，就是要找出誰知道答案。諷刺的是，許多老師是在無意間暗示與傳達了——這就是學校遊戲的規則，透過像是：提出只需要回答是／不是或單一正確答案的問題，只點名舉手的學生回答問題，不然就是只等待很短的時間就自己回答問題。

　　我們知道這些習慣可能很難改掉。實際上，隨著國際數學與科學教育成就趨勢調查（TIMSS）一起執行的重要研究，顯示了不同的提問方法是如何暗自生根並逃過我們的注意。第一次的 TIMSS 研究報告，比較美國和日本教室裡的教學方式，研究群發現一個有關信念的重要差異，展現在課堂行為和教學計畫上：

　　　美國和日本的老師為了不同的理由而提問。在美國，一個問題的目的是為了得到一個答案；在日本，老師提出問題是為了刺激思考。如果一個問題引出一個立即的答案，日本老師會認為這是很差的問題，因為這表示學生並未受到挑戰要去好好思考。我們訪談的一位老師告訴我們，她跟同校教師經常一起討論如何改善教學實務。「你們

談些什麼？」我們很好奇。「很多時候，」她回答，「是花在討論我們在課堂上可以提出的問題——用什麼樣的問句最能夠讓學生投入思考和討論學習素材。一個好問題可以讓整個班級持續學習好一段時間，一個壞問題的效果有限，不過是一個簡單答案而已。」（Stevenson & Stigler, 1992, p. 195）

所有成功的實施執行，都源自於清楚、明確的目的，而因為核心問題的目的迥異於習得知識內容的目的，這項原則就顯得更加關鍵。因此，當我們討論的是核心問題時，就必須清楚我們的目的是持續的探究和豐富的討論，是越來越由學生掌握與協助形成的探究討論，而非尋找老師認為正確的**唯一**答案。

除了要對抗老師們深深持有（且常常是未經檢驗）的信念以及舒適安逸的習慣之外，核心問題的實施還需要思考如何重新導引學生適應新的學校遊戲規則。我們建議你**明白清楚的**跟學生討論使用核心問題的目的、相關的做法以及角色的改變。以下舉例說明一些必須跟學生好好溝通、讓他們適應改變的關鍵概念：

- 這個問題並沒有單一的正確答案。人生就是要考慮各種看似有理和不甚完美的可能選擇。
- 每個人都有權表達意見，但最好的意見是有確切證據和周全理由支持的意見。
- 想要完整理解重要的想法就像運動健身一樣：需要長時間的操作和練習才能達成。
- 當一個問題被貼在牆上時，代表我們將會一次又一次的思考它。
- 探究不是一種旁觀的運動比賽；每個人都必須主動積極的聆聽和參與。

- 每個人都有機會被問到，我不會只叫那些舉手的人起來發言。
- 當我或其他人挑戰你的看法，並不表示我們不喜歡你，或不重視你的貢獻，我們是在檢驗這個看法是否有力、有效。
- 以開放的方式來考慮另一種觀點，可以幫助你澄清和拓展你的思考和理解。
- 犯錯本來就是學習過程中預期會發生的事。如果你從來不冒犯錯的風險，你就不可能進步，這就是為什麼我們要質疑答案的原因——為了改進這些答案。
- 你可能會發現自己不斷在重新思考一些你認為你已經懂了的東西，這是正常的——甚至是我們想要的。

就像照顧幼苗一樣，新規則的建立也需要耐心、仔細的培養和不斷的提醒。隨著時間過去，新規則慢慢會變成大家習以為常的規範，能讓重要的想法生根，讓成熟的理解開花結果。

運用核心問題的四階段歷程

核心問題的實施和傳統教學方式最大的不同在於：我們不是只把問題提出來、討論一下，等教完不同的內容後就把問題拋在腦後。特定層面的核心問題（以及較廣層面的重理解教學）之整體重點是：學習探索的設計是螺旋式的，或像水流不斷往前往後循環流動一般，在問題和新的資訊來源、經驗或觀點之間往復循環。換句話說，我們需要不斷的回到問題，進一步挖掘、更深入思考，達到更深刻、有洞察力的理解。

因此，我們可以用四階段的歷程，說明成功運用核心問題的過程中發生了什麼事：

階段 1：介紹一個會引發探究的問題。

目標：確保你提出來的核心問題是能激發思考的，跟學生有關係，和目前教學單元內容有關聯，並且可以透過文本、研究計畫、實驗、問題、議題或身歷其境的模擬操作來進行探索。

階段 2：引導學生說出多元、不同的回應，並追問、挑戰這些回應。

目標：視需要運用提問技巧和程序，盡可能引發最多學生回應問題，得到各式各樣**看似合理但未臻完善**的不同答案。同時找出學生答案裡潛藏的不同觀點，以及因為問題文字敘述本身帶有的模糊性所導致的疑問，從這兩方面進一步探討原來的問題。

階段 3：引介和探索新的角度觀點。

目標：引介新文本、新資料或現象，帶入探究之中，設計目的在於拓展探究，或把目前大家同意的暫時性結論翻出來質疑、討論。引導出新的答案，並且比較新舊答案，找出可能的關聯性和不一致的地方，進行探討。

階段 4：達成暫時的結論。

目標：要求學生總結他們的發現、新洞見以及其他剩下的（或新提出的）問題，歸納出有關內容和過程的暫時性理解。

請注意，這個歷程並不侷限於單一教學單元。我們可以利用這個架構把不同的單元交織在一起，讓階段 3 成為一個新單元的開始，引介全新的觀點並且運用相同的問題來進行探索。

這裡簡單舉一個運用「科學是什麼？」的問題進行科學教學的例子。在很多國高中的科學課程裡，老師們經常會以這個問題做為學期**第一個**單元或課堂的主題。但典型狀況是，在初期讀過一些資料和討論之後，這個問題就被放掉了，往後整個學年就把注意力轉到習得特定知識和技能上面，再也不會回到這個問題（在多數教科書的推波助瀾下，這種模式更加

常見）。我們來看看這個架構能夠如何幫助我們更清楚看到另一種做法，讓這個核心問題可以在整體課程中變得更凸顯、更重要。

階段 1：介紹一個會引發探究的問題。

舉例：科學是什麼？在實徵議題上，科學的觀點跟普通常識和宗教觀點有什麼相關或不同？

階段 2：引導學生說出多元、不同的回應，並追問、挑戰這些回應。

舉例：學生閱讀與這個核心問題有關的三篇短文或摘錄，對於科學是什麼、科學如何運作、我們應該多相信科學答案，這三篇文章的看法大相逕庭。

階段 3：引介和探索新的角度觀點（以這個例子而言，整個學年當中要進行好幾次）。

舉例：要求學生做兩個不同的實驗，用不同的方法，而且誤差範圍很大。學生也閱讀科學史上一些爭議和錯誤發現的文獻〔如閱讀卡爾‧波普（Karl Popper）的作品，他認為，科學本身是可檢驗和暫時性的——「可被否證的」——而政治、社會和宗教的意識型態總是可以解釋一切；閱讀理查‧費曼（Richard Feynman）談多數人誤解科學是什麼的文章；閱讀大衛‧休謨（David Hume）談為什麼我們應該持續懷疑「科學即真理」的文章〕。

階段 4：達成暫時的結論。

舉例：要求學生針對科學的本質，總結歸納他們的發現、新洞見以及其他剩下的（或新提出的）問題。

上述的例子說明，這個問題的適當處理，需要的不只是整個學年**經常**回來探討這個問題——「根據前兩個全球暖化的實驗以及研究結果大不相同的爭議，你**現在**會說科學是什麼？」——還有這門課程必須包含檢視偽

科學和驗證偏誤的危險。此外，這門課程也應該考量現代科學思考當中**反直覺**（counterintuitive）的層面（這經常會讓學生產生普遍且頑固難治的科學迷思概念）。

像這種不再回頭探討幾個與核心問題有關的重要概念的現象，在數學領域也十分常見。我們可以合理的斷言，在數學教學上最常見和最糟糕的錯誤，發生在老師們通常只在前言介紹性的單元中，簡短討論所謂的「已知條件」——也就是數學已先假定成立的定義、規則、公理——然後從此就不再提起。教科書中提到某些（定義、規則、公理的）假設，但很少把為什麼這樣假設的理由說清楚，就匆匆忙忙進入以這些假設為基礎來推論證明其他事物的練習。但為什麼是**那些**假設呢？我們為什麼**不能**先定義基本名詞呢？**數是什麼**？這些問題在數學學習時通常會自然的產生，但在傳統的教科書和教學中會快速又巧妙的被壓抑、掩蓋掉。

忽略這些重要的問題，就是犯了教育學和數學理解上的錯誤。事實上，現代數學之所以誕生，就是因為持續不斷的思考這個核心問題：「我們在數學上的假設是什麼？以及這樣假設是正確的嗎？」舉例來說，在笛卡爾之前，沒有人假設會有四次方的數字（某數的四次方，如：x^4），因為數學指數表示的應該是空間的向度——這也正是為什麼我們稱 x^2 為「某數的平方」（x squared），x^3 叫「某數的立方」（x cubed）！另一個例子，是哈洛德・福賽特（Harold Fawcett）讓學生自主探究數學的公理定義，並發展自己的空間理論，成為幾何學教學史上最有名的實驗之基礎，也讓哈洛德・福賽特能在 1930 年代發展出幾何教學法，在他的書《證明的本質》（*The Nature of Proof*, 1938）當中可以找到這個例子。

數學簡潔精確的思考威力，只有在我們讓學生的心智投入豐富的問題挑戰時，才會真正活躍起來。像這樣的問題：**為什麼你不能用 0 來當除數，卻可以用 0 來乘？為什麼我們要發明一些不符合直覺的概念，像負數或虛數？平行公設既不是一個不證自明的假設，又不容易說明清楚，為什**

麼我們還要假設它為真？是誰引介這些概念想法，他們的理由是什麼？現代的算術、幾何學、代數和微積分，都是從這種讓我們回歸到核心問題的探究中發展出來的。舉例來說，把 0 引進數字系統中，其實是相當晚近的事，而且當時被認為極具爭議性〔若想讀一讀數學史上偉大的爭議和創舉，可參閱李奧納多・蒙洛迪諾（Leonard Mlodinow）寫的《歐幾里得之窗》（*Euclid's Window*），他的敘述很吸引人，可讀性又高〕。因此，適當的處理「什麼可以、什麼不能被接受成為數學公理」這個問題，必然會**經常不斷的**重新回頭探討數學發展上的重要里程碑〔例如，證明任何三角形的內角和等於 180 度、畢氏定理、像 1＝0 這種以 0 當作除數之類的偽證明（pseudo-proofs）〕，就是因為這樣經常**重新思考**已知條件，才會產生不一樣的幾何學、微積分、機率理論和愛因斯坦的相對論。

　　若是要帶領年紀較小的孩子探究「已知條件」，可以仔細看看一個比較簡單的類似例子，如大家熟悉的運動比賽的規則，做為吸引他們好奇心的開始。大家可以想想這些問題：**為什麼要定那些規則？棒球比賽中，為什麼兩名跑者不能同時攻佔同一個壘包？籃球比賽為什麼要有三分球？應該距離籃框多遠來投球？為什麼多年來各種不同的規則委員會要不斷的更改投球距離？某些規則的改變是否能夠在不讓比賽變質的狀況下改善比賽？**以最後一個問題為例，為什麼不改變現在的棒球比賽規則，把界外觸擊短打的第三個好球數當作界外球（仍可繼續打擊），而不是像現在判成三振出局？這個問題可以導向深入的探討為什麼有些公理是**在事實發生以後才發展出來的**，目的是為了讓「比賽」**照我們想要的方式**進行──這樣的理解在幾何學歷史上很值得注意但不太明顯，而且在教科書對於公理的處理說明當中，經常被忽略。

　　接著舉例說明核心問題四階段歷程如何應用在中學數學探究「已知條件」：

階段 1：介紹一個會引發探究的問題。

舉例：在數學領域裡，given 是給定的**已知條件／假設**：哪個是基礎必要的假設？哪個只是約定俗成的規約？為什麼給定這個已知條件／假設？誰**提出**的？為什麼你覺得如此「假定它為真」是明智的？基礎必要的假設和可以改變的規約有何區別？看看我們生活中其他給定「假設」的例子，在不同情境中使用 given 這個字，意思有何不同？比如：《權利法案》、字典裡字詞的基本意義，或經費預算。

階段 2：引導學生說出多元、不同的回應，並追問、挑戰這些回應。

舉例：從運動比賽、法律或語文的規則開始，再銜接到數學，要求學生找出一些有問題的給定已知。例如，我們無法定義一條線或一個點，但我們還是能夠畫出它們；我們無法用 0 當除數，但我們可以用 0 來乘；我們使用基本的十進位，但我們也經常使用二進位；我們使用括號、指數、加、減、乘、除來解代數式，但我們不能用其他的規定方式嗎？交換律等同於傳統的規約嗎？

階段 3：引介和探索新的角度觀點。

舉例：思考一下其他幾何學的可能性（如：「計程車」幾何學、城市網絡幾何學），用以說明：為什麼視情境條件做出有關空間關係的不同假設是很重要的。看看針對其中某些假設的錯誤證明，或想想其他的假設，指出為什麼它們明智或不明智。比如，要求學生想想看，如果我們像球體幾何學和現代物理學那樣，假設所有的線都是彎曲的，會發生什麼事。

階段 4：達成暫時的結論。

舉例：要求學生回顧教科書裡提到的算術、代數或幾何學的公理，針對我們在沒有證明的情況下，應該假定什麼、不應該假定什麼，以及哪些已知條件是基礎必要的、哪些是約定俗成的，整理歸納他們的發現、新洞見和其他剩下的（或新提出的）問題。

以下再舉一個例子，是國小社會科地理區域單元的四階段應用。請注意這個單元計畫和前面的數學例子一樣，反映出類似的探究流程，探討的是這些核心問題：**為什麼我們在談地理區域的時候，大家都一致接受使用東、西、南、北這些給定的方位名詞？可能有其他可用的方位分法嗎？**

階段 1：介紹一個會引發探究的問題。

舉例：在簡略介紹美國區域的典型名稱和特徵之後，提出這些問題：我們可以用不同的方式來繪製地圖嗎？我們可以用哪些不一樣的區域劃分方法，可能跟現在的方法一樣有用？我們也可以說我們現在住在什麼區域？我們住在幾種不同的區域裡？

階段 2：引導學生說出多元、不同的回應，並追問、挑戰這些回應。

舉例：我們把一個地方定義為一個「區域」，有什麼用處？有多好用？比較和對照多種不同的分區地圖，學區、城鎮和各州的區分類別，以另類的文化觀點來將美國分成不同的區域（像是運動聯盟的分區），各有什麼優點和缺點。

階段 3：引介和探索新的角度觀點。

舉例：深入探索以文化觀點（食物、休閒娛樂、工作）來分區的想法，此時，我們習慣談論的「南方」或「西北部」可能就變成不太管用的區域分法，因為它會造成我們對每個區域的刻板印象，而忽略了它們的獨特性或多元性。之後，我們可以繼續探索相關的問題：**如果我們用「區域性的」名詞來定義我們自己——比如，南方人、沿海人、西田納西州人、北紐約州人、北加州人——而不是用州或國家來定義，有什麼用處？什麼時候以物理特徵來定義一個區域是有用的？什麼時候以社會特徵來定義一個區域是有用的？**

階段 4：達成暫時的結論。

舉例：要求學生針對區域的分法及其用處，總結歸納他們的發現、新洞見以及其他剩下（或新提出）的問題。

接下來我們來看這個四階段架構的擴大版，開始的階段是考慮如何整合學科內容和探究，以及形成探究的歷程可能需要哪些資源（除了教科書之外）。當然，我們也會在後面的結論中，提到一些探究過程當中和探究結束之後正式評量學生理解的方法——是我們習慣的教科書依章節進度分段考試中，幾乎不曾用到的評量方法。

運用核心問題的八階段歷程

更加精細的運用核心問題的歷程，可以用八個階段來說明：(1) 教學前的規劃和設計，(2) 初步提出核心問題，(3) 引導學生說出多元、不同的回應，(4) 追問、挑戰這些回應（以及問題本身），(5) 引介跟這個問題有關的新資訊和新角度觀點，(6) 深入和持續的探究，累積出最後的報告作品或實作表現，(7) 整理暫時的結論，以及 (8) 評量個別學生的探究和答案。

階段 1：教學前的規劃和設計。
目標：根據確定的核心問題，組織相關但多元的文本、問題情境或經驗，用來拓展和深化探究。
階段 2：初步提出核心問題。
目標：在課堂一開始，或是在初期做完相關的研究調查後，提出核心問題。
階段 3：引導學生說出多元、不同的回應。
目標：確認學生了解他們可以有多種可能、合理的答案，也了解老師

精選出來的文本資源很有可能會引導出多元不同的意見。

階段4：追問、挑戰這些回應（以及問題本身）。

目標：追問、挑戰學生的回應；在考量所有的回應時，指出不一致或互不同意之處；邀請學生提出更進一步探究的方向或方法。同時也一定要讓大家回到核心問題本身，以大家的回應來重新思考和分析問題。

階段5：引介跟這個問題有關的新資訊和新角度觀點。

目標：把新文本、新資料或新現象帶入探究當中，目的在於刻意的進一步拓展探究的角度，或思考、質疑目前為止所獲得的暫時性結論。

階段6：深入和持續的探究，累積出最後的報告作品或實作表現。

目標：期望學生能夠好好探討核心問題，不管是個人、小組進行或全班一起，經過大家共同深入的調查研究和分析討論，會得到最好的回應和成果。

階段7：整理暫時的結論。

目標：針對學習內容和探究過程，全班總結歸納他們的發現、新洞見以及其他剩下（或新提出）的問題。

階段8：評量個別學生的探究和答案。

目標：每個學生都必須正式的解釋說明他們目前對於問題的答案，提出支持的證據和邏輯推論，同時也會提到相反的證據和論證。

讓我們回到第二章 Grant 的英語課，看看如何實際進行這些階段。這個單元的核心問題是「誰是明眼人？誰是盲目的？」，老師預先選擇的閱讀材料是安徒生的《國王的新衣》、〈維尼和小豬去打獵，並差點抓到一隻大臭鼠〉（《小熊維尼》當中的一章）、《伊底帕斯王》，以及柏拉圖《理想國》當中的「洞穴寓言」（雖然很明顯的，你可以選用任何閱讀材料，只要適合學生的閱讀程度以及跟這個問題相關的議題）。

在單元開始的第一天，就向學生提出這個核心問題，並且大力鼓勵學

生，隨著探究逐漸展開，要隨時筆記寫下關於這個核心問題的想法，以及因而激發的相關問題。確認他們知道指定的閱讀材料跟這些問題有關，而且也知道這個核心問題會成為最後評量的申論題。簡言之，整個單元的設計，是環繞著這個核心問題而架構起來的，清楚的呈現挑戰目標，並以此為焦點來安排貫串整個單元的學習任務和工作。整個單元依照前述八個階段，將會如此展開：

階段 1：教學前的規劃和設計。

舉例：根據核心問題，選擇四種具有不同難度、不同觀點的故事或文章。

階段 2：初步提出核心問題。

舉例：一開始，簡短討論一下每個人生活中可能有的「盲點」——舉一些例子，並簡短討論為什麼人會「看不見」那些清楚「可見」之處。然後老師介紹核心問題和第一篇閱讀文本：〈維尼和小豬去打獵，並差點抓到一隻大臭鼠〉。

階段 3：引導學生說出多元、不同的回應。

舉例：在這個故事段落中，誰看見了？誰看不見？在這裡，有哪些人比其他人更盲目（例如，小豬對比維尼，維尼對比在樹上的羅賓）？為什麼？

階段 4：追問、挑戰這些回應（以及問題本身）。

舉例：這些想法和你在前面討論活動中提出來的個人經驗有什麼關係？**盲目**真正的意思是什麼？**明眼**真正的意思又是什麼？從盲目的角度來看，這個故事的道德教訓是什麼？我們可以就盲目和明眼，初步做出什麼樣的歸納統整，當作進一步探討後續其他文章的基礎？

階段 5：引介跟這個問題有關的新資訊和新角度觀點。

舉例：閱讀《國王的新衣》、《伊底帕斯王》或「洞穴寓言」，觀看

電影《駭客任務》（*The Matrix*）、《陰陽魔界》（*Twilight Zone*）的片段，或《熱淚心聲》（*The Miracle Worker*）中海倫・凱勒把水跟水的象徵符號連結起來的那一段。其他可能的資料包括有關視力／眼盲的知識性讀物、知覺的偏見、有關認知偏見與錯誤的研究，以及其他相關的主題。

階段 6：深入和持續的探究，累積出最後的報告作品或實作表現。

舉例：應用相同或類似的問題，深入探索每一篇文章或實際世界的案例，慢慢導向答案中似是而非、自相矛盾的地方〔注意到在《國王的新衣》裡，是**小孩**（而不是**專家**）看見了真相；《伊底帕斯王》裡看到真相的人是那個瞎子；地穴裡的專家和有學術成就的人是盲目的等等〕。

階段 7：整理暫時的結論。

舉例：繪製一個圖表，全面性的比較和對照不同文本以及學生針對核心問題提出來的答案。

階段 8：評量個別學生的探究和答案。

舉例：針對「誰是明眼人？誰是盲目的？」寫一篇申論文章，融合我們讀過的文章與你自己的想法和經驗，寫出既有說服力又有趣的論述。同時，以這個核心問題為主題，提出一個類似博物館展覽的計畫。

請注意在這個案例裡面，核心問題也可以很自然的跨越英語領域，涵蓋歷史（**為什麼會有群體性歇斯底里症、自我毀滅的法西斯主義、盲目的愛國主義？**）、科學（**為什麼那些不太理性的人會認為達爾文的演化論或全球暖化是危險的？**）、藝術（**為什麼藝術會有威脅性？為什麼有些人會認為現代藝術是一種騙局？**）和體育運動（**投手怎麼欺騙打擊者？選手怎麼欺騙裁判？偉大的選手在比賽中會「看見」什麼其他選手看不到的東西？為什麼？**）

換句話說，不只是教師提問，還要加上重理解的**課程設計**，才會讓一個核心問題活起來，並有機會深入探究。讓學習能夠成功的關鍵元素，包

含閱讀的文本、鼓勵提示、探究的規則和最後的評量，其設計都要依據剛剛提過的標準：一個吸引人的問題（特別對青少年來說，他們常常會痛苦的察覺到周遭人士的智慧、愚蠢和盲目，彷彿只有大人和朋友才會這樣！）、內在存有的模糊性、清楚呈現不同的觀點以及許多灰色的地帶──這些灰色地帶需要大家嚴謹質疑各種想法，加上仔細閱讀文本內容，方能好好探討。

你是不是在想這個方法對年紀比較小的學生來說太複雜了？如果是，請想想以下這個例子，它運用同樣的架構，讓國小學生探討這個核心問題：「誰是真正的朋友？」

階段 1：教學前的規劃和設計。

舉例：根據核心問題，選擇三種具有不同難度、不同觀點的故事或文章（例如《青蛙和蟾蜍好朋友》或《夏綠蒂的網》）。

階段 2：初步提出核心問題。

舉例：一開始，簡短討論一下每個人生活中的友誼──舉例和說出理由：誰是你的朋友？是什麼讓他們成為你的朋友？

階段 3：引導學生說出多元、不同的回應。

舉例：問學生：「有什麼共同的原則會讓我們說某個人是朋友或不是朋友？」準備一個 T 字表格來整理歸納學生的回答。

階段 4：追問、挑戰這些回應（以及問題本身）。

舉例：朋友，只是指那些你每天跟他在一起或每天見到他的人嗎？所謂「永遠最好的朋友」（BFF）真正的意思是什麼？

階段 5：引介跟這個問題有關的新資訊和新角度觀點。

舉例：閱讀《青蛙和蟾蜍好朋友》當中的〈春天到了〉，討論友誼和說謊。比方說，真正的朋友會對朋友說謊嗎？青蛙和蟾蜍有對彼此做出什麼看起來「不夠朋友」的事情嗎？這樣還說他們是朋友，合理嗎？在普通

的朋友和**真正**的朋友之間，有什麼不同？

階段 6：深入和持續的探究，累積出最後的報告作品或實作表現。

舉例：應用相同或類似的問題來討論《夏綠蒂的網》。

階段 7：整理暫時的結論。

舉例：所以，誰是真正的朋友？為什麼？繪製一個范氏圖（Venn diagram），來比較和對照文本以及學生針對這個問題提出來的答案。

階段 8：評量個別學生的探究和答案。

舉例：選擇下列之一：

- 做一本小書，教導別人如何知道某個人是不是真正的朋友。
- 假裝你要從聯誼網站「訂購」一個真正的朋友。
- 創作一則「誠徵真正的朋友」的廣告，你會想要什麼樣的特質？

所以，這樣的架構可以幫助我們思考單元設計時需要的元素和順序，以推動深度的探究。這種「從頭想到尾」的階段歷程是很重要的，因為傳統依據教科書或進度來做的課堂規劃，很少會包含這種觀點的轉換和對話的深化——而這些正是真實探究的中心（請注意：千萬不要固著於一定要有幾個階段，或必定要具備那些指標的每個細節，這個架構只是一項工具，用來幫助你更周全仔細的規劃教學設計）。

回應的策略

像這種使用核心問題來進行教學的架構，雖然有其必要，但卻是不夠的。想要讓你的核心問題發揮最大功用的關鍵，在於如何運用後續的追問和學習活動。下列說明一系列有效的實用技巧，可以讓更多學生投入探究，並且拓展他們的思考和意義的建構。雖然這些方法也可以運用在大多數的教室問題類型上，但若能配合開放式、沒有單一「正確」或預期答案

的問題來使用，效果會特別好。

◎ 等待時間

「等待時間」指的是老師在提出一個問題之後沉默等待學生回答的時間（第一等待時間），以及第一個學生回答之後老師沉默等待的時間（第二等待時間）。許多有關等待時間的研究已經證明，使用這個簡單的技巧可以有幾個好處（Rowe, 1974; Tobin & Capie, 1980; Tobin, 1984）：

- 學生回答的長度增加。
- 不需老師要求，學生會更頻繁的發表與討論主題有關的想法。
- 學生說明解釋的邏輯一致性增加。
- 學生自動自發的增加舉證來支持他們的推論。
- 經過仔細思考推敲後再回答的發生率提高。
- 學生提問的問題數量增加。
- 「比較落後的」學生的參與度大為提升。

在國小、國中、高中和大學階段都證實了這些研究結果。經常、規律的運用等待時間這個技巧，也使教師行為上產生了這些改變：

- 使用高層次、評鑑性問題的比率提高。
- 「教師說話」的比例降低。
- 教師表現出比較大的回應彈性。
- 教師對於那些「落後學生」的表現期望有所改善。

就第二等待時間（在一個學生回答後的等待時間）而言，當老師不立即回應學生的回答時，該學生更有可能再詳細闡述或舉例支持他的回答

（或改變回答內容），而其他學生也在無形中獲邀參與這樣的討論對話。

◎ 思考—配對—分享

　　針對在教室裡如何執行等待時間，Frank Lyman 博士（1981）和他的同事發展出一個實用有效的工具，這個名為「思考—配對—分享」（Think-Pair-Share, TPS）的策略，把思考的時間組織架構成一個多元模式的循環，在這個循環中，學生**聆聽**一個問題或簡報，接著是個人安靜的**思考**時間，在這段時間當中，學生不可以跟別人對話或舉手回答，不過，老師會鼓勵他們把想法寫下來或畫成圖表。在這段指定時間，學生形成兩兩**配對**，和他們的夥伴交換想法，接續在這段配對時間之後是**分享**的時段，通常是以全班討論的形式進行。思考—配對—分享此一策略，將等待時間及合作學習在認知和情意方面的優點，全都放進一個容易處理的例行課堂結構程序當中，讓每個學生都能自動自發的思考核心問題，同時也讓害羞或比較缺乏自信的學生有一個機會在安全的空間裡先演練他們的回答，然後才在全班和老師面前回答問題。

◎ 隨機點名

　　我們強烈建議老師們捨棄那種只叫舉手的學生回答問題的習慣（事實上，隨時間發展，你會希望學生根本不要再舉手了，就像人們一般正常的對話，沒有人需要舉手發言）。另外的做法是隨機點名，每個學生都有公平的機會受邀來回應問題（如：從籤筒裡抽出學生的名字），或是鎖定目標學生的點名，你必須清楚說明你期望每個人都準備好自己要說什麼，而且在這段時間裡，那些經常發言的人有時候會被你忽略。雖然這類隨機或有目標的點名學生的方法看起來很簡單直接，但對學生和教師雙方來說，它跟教室裡長期的習慣和熟悉的角色是相反的（你可以找到 Lemov 在 2010 年寫的文章，他非常清楚且實用的說明了這個技巧）。研究者 Dylan

核心問題 | 開啟學生理解之門

Wiliam（2007/2008）積極提倡隨機點名的做法，他說了一個很好的故事來闡述改變傳統習慣的教學做法所帶來的挑戰，特別是對生手教師而言：

> 幾個月前，一位小學老師……告訴我她如何努力改變她的提問技巧。她想要在冰棒棍上寫上學生的名字，用它們來隨機抽選回答問題的學生——這種技巧會增加學生的參與度，並且從更多學生身上引出答案，而非只是那些常常發言的學生。但是在點名特定學生的時候，她遇到了困難，因為她提出問題的時候，大部分會很自動的這樣開始：「有沒有人知道……？」她覺得很挫折，想不通為什麼這麼簡單的改變會變得如此困難。這位老師已經教學二十五年了，而且，我們的研究結果顯示，在她整個教學生涯裡，可能已經問過近五十萬個問題，當你用某種方式做某件事情五十萬次，想要改變成另一種方式，必然是相當困難的！（p. 38）

改換成「冷酷點名」的方式，對學生的挑戰，可能跟對老師的挑戰一樣高。因為改變熟悉、自在的教學習慣，剛開始你可能會體驗到來自學生的反作用力，但不管如何，你必須面對反對力量，堅持到底，這樣才能在教室裡建立「新規則」；也就是，每個人都有公平機會被問到，每個人都被期望要專注和參與。

這個技巧的另一種變化是「學生點名」，也就是老師請某個學生選擇另一個學生來回答（「馬利安，可以請你點名其他人來回答嗎？」）。就我們的經驗來說，學生通常會點自己的朋友——或者，有時候是點他們的敵人！不管哪種方式，這個方法會攪動班級情勢，讓每個人都保持警覺、全神貫注。更重要的是，它準備好舞臺，讓學生能夠更加積極的自主學習，自己啟動和執行協同的探究。

不過，還有另一個方法可以提升學生主動聆聽的專注態度，那就是每隔一段時間，要求學生歸納統整一下剛剛大家說的話，比如：「賈斯汀，可以請你歸納一下馬利安的觀點嗎？」然後回頭跟原來的發言者確認：

「馬利安，賈斯汀有精準的抓到你的想法嗎？」經常使用這個技巧，能夠讓學生逐漸達成自主學習所需的一項成就目標，亦即，學生會開始自己主動去澄清和重述彼此的發言（在後文 89 頁「蘇格拉底式問題研討會」部分，會再好好探討這些想法）。

◎ 全班調查

　　老師可以運用幾個「所有學生回應」的方法，讓整個班級都回答問題。也許最簡單的方式是讓學生用手勢來回答，如大拇指往上、大拇指往下。舉例來說：「你同意作者的意圖是……嗎？」學生的回應可以開啟進一步追問（「為什麼你這樣想？」）、辯論（「羅伯特，請告訴我們為什麼你不同意艾力士的想法？」）以及把不同意見的人兩兩配對進行討論（「選一個跟你有相反意見的人，向他解釋你的立場和觀點」）。

　　有些老師會要求學生用小白板寫下他們對於問題和提示的簡要回應，雖然這個方法比較常用在檢核知識內容，但有時候也可以用在比較開放性的問題。比方說，一位大學教授提問：「20 世紀的美國總統當中，哪一位會留給後代子孫最令人失望的遺產？請準備好說明為什麼。」你可以想像整個班級充滿了舉著各種不同答案的學生——以及後續的辯論會有多精采！

　　就像現今的各行各業中，有很多所費不高的科技產品可以幫忙，例如運用學生回應系統，有點像一般手按的「答題遙控器」（即時回饋系統），就可以輕鬆處理學生以無線器材發送的投票回應。這些小小的裝置能讓老師即時收到所有學生的回應，並且立刻在電腦或平板上顯示結果。現在手機電話也可以做這樣的運用。不論是高或低科技，經常使用這些調查技巧可以改變課堂的生態動力，藉此消除學生的被動性，也可以降低那些喜歡不斷發言、佔據所有時間的學生的霸主地位。

◎ 不只一個答案

我們前面提過，有效的核心問題本身是開放的——其設計目的是要激發討論和辯論（這很常見）。因此，教師應該要小心注意，就算出現一個仔細思考的推論或得到一個似乎很堅實的結論時，也不要停下來。就像前面四階段歷程的第二階段所說的，我們鼓勵老師繼續要求學生提出至少二或三個**不同的**答案，然後再深入追問，邀請學生比較和檢驗檯面上的各種想法。如果沒有出現幾個看似合理的不同回應或觀點，這可能是一個警告的訊號，表示你的核心問題太過狹隘，或者，太過抽象或模糊，使得學生沒辦法提出不同的觀點。

◎ 追問想法和支持證據

長久以來，追問探究型的問題一直被認為很有價值，是蘇格拉底式對話的關鍵元素，而且研究結果也證實了它們的價值（Krupa, Selman, & Jaquette, 1985）。可是，研究同時也指出，教室課堂中並不常使用追問探究型的問題（Newmann, 1988）。老師們可以使用諸如「為什麼？」「你可以再說得詳細一點嗎？」和「你可以舉出什麼證據來支持你的答案？」之類的問題，來督促學生考慮和衡量多元的證據、檢驗他們的演繹和歸納的有效性、思考互相對立的觀點，以及鼓勵學生「拆解」自己的想法，找出自己是如何整理出特定結論的。追問探究型的問題要求學生超越事實細節的知識記憶，不能像鸚鵡般機械性的模仿回答之前學過的答案，而是要將已知應用到未知的領域，也要詳盡的闡述自己所知所學，以深化對於知識的理解。

在運用核心問題和其他開放式問題來促使學生思考和建構意義之時，追問探究型的問題是十分「核心必要的」。下面舉一些大家熟悉的追問探究型問題：

- 你說 ＿＿＿＿＿＿ 是什麼意思？
- 為什麼？
- 你可以再說得詳細一點嗎？多告訴我一些。
- 你可以重新說一次嗎？我不了解你的重點。
- 你可以用一個例子或類比來解釋說明嗎？
- 這個跟我們之前說的或我們上個星期讀的有什麼關係？
- 針對這個部分，我們可以提供另一種不同的觀點嗎？
- 當你這樣說的時候，你的假定是什麼？
- 你說的是 ＿＿＿＿＿＿，我的了解正確嗎？

另一個追問技巧是要求學生提出答案的支持證據和理由，舉例如下：

- 你為什麼那樣想？
- 你的證據是什麼？
- 你的推論是什麼？
- 你可以在這篇文章或資料中找到支持的證據嗎？
- 這份資料如何支持你的結論？
- 但是之前我們不是說過 ＿＿＿＿＿＿，這跟你現在說的好像有衝突喔？你可以進一步澄清嗎？
- 那和第 ＿＿＿ 頁文章裡說的是一致的嗎？

經常要求學生提出支持證據，會讓學生清楚了解到：個人的答案和意見雖然是必要的，但只有這樣並不充分。就像博士論文一樣，只是「有」立場未必足夠，學生必須能夠為他的立場**答辯**才行。

核心問題｜開啟學生理解之門

◎ 魔鬼代言人／逆向思考者

要促使學生思考，另一個存在已久的技巧是老師（最後是學生）扮演魔鬼代言人的角色，故意唱反調，挑戰學生的解釋或結論，或者提出另類的觀點，以逆向思考來要求學生澄清他們的想法和提出合理的證據。舉例如下：

- 我不同意，請你說服我。
- 你要怎麼回應那些會這樣說 _____ 的人？
- 你有考慮過另外的觀點嗎？
- 誰有完全不一樣的想法或理由？
- 這真的是二選一（不是 A 就是 B）的問題嗎？可能會有不同的「正確」答案或思考方式嗎？

很重要的一點是，你必須清楚解釋你正在扮演的角色，學生才不會把你唱反調的立場看成是針對他們個人而來（我們認識一位老師，她故意戴上萬聖節的魔鬼尖角帽，幽默的暗示這個嚴肅的重點——她會挑戰他們的想法！）。慢慢的隨時間發展，我們會希望學生能夠（尊重的）彼此扮演魔鬼代言人的角色，尤其是在辯論和蘇格拉底式問題研討會當中。再延伸下去，我們可以要求學生替「跟自己意見相反的意見」辯護，這是在訓練辯論術或辯論課中常用的策略。

處理不正確或不適當的回應

可以預想得到，有些學生對於課堂問題（包括核心問題）的回應和評論，可能會不正確、欠缺思慮、傻里傻氣和偏離主題，有時候學生只是想用不適當的話語來測試老師或娛樂同學，而老師在學年剛開始如何處理這

些回應的方式，會影響及奠定之後整學年的學習氣氛。協助探究學習形成的教學藝術，在於了解如何聆聽、看重學生的回應，並清楚說明個人意見雖然是必要的，但只有這樣並不充足：我們的目標是更深入的理解——更深入了解現在所學的學科內容和學生提出的答案。

當然，我們不應該容忍故意傷害或辱罵的發言，只要目光直視學生應該就足以表達你的重點；或者你也可以淡淡的說：「凱莉，我想你應該知道這樣的說法太超過了。」不過，當學生很認真嘗試回應時，我們判斷他們是「錯誤回答」或「衝動回答」的敏感度就很重要。關於這一點，我們的建議很簡單：盡可能以一種中性的、不帶價值評斷的方式來回應學生的答案，避免批評責備——任何會讓學生看來愚笨或感到愚蠢的評論或聲音語調，都要避免，尤其是當學生在事實資訊或推論過程上犯錯的時候。在某些狀況，你可以運用前面說過的追問探究型問題，來幫助學生澄清他們的思考；在其他狀況，你可以很快的糾正學生引述的事實知識，但強調那個問題的重要性；或者，最好的方法是重新回到問題，並邀請其他學生參與回應。

一般來說，最重要的規則是肯定所有適當的回應，即使有些缺點，但仍是很好的發言與貢獻，並因此設定班級學習的基調：犯錯是學習過程中必然會有的、也是預料之中的一部分。的確，「漸漸了解」（coming to an understanding）這個日常用語，代表理解是一個隨時間發展的歷程，我們很少有人能夠立刻獲得深刻的見解，而這也就是為什麼每隔一段時間要回到核心問題是……必要的。

所有這些運用核心問題的訣竅和回應技巧，都可以歸併成一個簡單的守則：老師的角色是邀請學生提出有想法、有依據的回答和問題，不過分主導與介入的裁判，以及專心仔細的聆聽者。

邀請學生提問

　　現在你一定在想：老師發展的核心問題跟學生提出的問題之間有什麼關係？如果學生的探究是教育目標，為什麼不讓學生的問題來驅動課程與教學？還有更廣泛層次的問題：透過核心問題來設計與教學的時候，學生問題的角色是什麼？

　　最近出版的一本書在書名上就很清楚點明了：《唯一改變：教學生提出自己的問題》（Rothstein & Santana, 2011）。作者們優雅簡練的闡述發展學生提問的重要性，也提供一個實際可行的架構來達成這個目標。他們的論述跟杜威（John Dewey）一個世紀之前提出的想法相互呼應，那就是：民主有賴於公民的主動參與，而最有增能效益的參與形式就是能夠提出問題，而非僅是回答別人的問題。

　　有關學生提問的案例來自於閱讀方面的研究。研究者 Annemarie Palincsar 和 Ann Brown 發現，當讀者形成自己的問題時，他們會比較主動投入處理文本和建構意義的歷程，此外，自己提問的學生也能夠檢視自己的理解，而不會依賴老師的問題和回饋（Palincsar & Brown, 1984; Raphael, 1986）。

　　雖然我們完全支持「自動自發的學生提問」這個終極目標，但我們要提出一個警告，如果老師只是引發和鼓勵學生提問，卻沒有架構總括式的課程目標和核心問題來支持問題的探究，那可能就不會產生品質保證和成功可行的課程。事實上，學生提出的問題很少能夠開啟深入理解之門（如本書書名所說的），因為科學、文學、數學、藝術和其他學科領域的重大概念，通常都是抽象的、非直覺能夠想到的。更直率的說，雖然孩子有令人驚訝的好奇心，也很愛提問，但有些問題會通向知識的死胡同，或是好玩有趣但卻未切入正題的漫談（我們這些 1960 和 1970 年代在學校教學的人，可能會想起當時流行「跟著學生走」的隨興鬆散，它有它吸引人的魅

力，但通常目的性和生產性都不足）。

身為專業人士，**我們**有責任要知道哪種問題能夠滿足一體兩面的需求：既能引發學生興趣，又能提供深入和成功理解學科內容的最大可能性。是的，偉大的老師可以用學生的問題來形塑學習之路，以達成學科的目標，但是，把問題交到學生手中的做法，可能會掩蓋這個非常重要的觀念：老師必須知道他們所教學科內容的關鍵問題和核心概念，巧妙而堅定的努力以達成學科目標，同時也要發展學生的興趣和天賦。我們不能把「學生覺得有趣」和「對學生有益」的學習混為一談——而這兩者的區別，也是跟杜威一樣古老。

因此，「應該由誰來提問？」這個問題，是錯誤的二分法。真正需要思考的議題，不是老師提問對抗學生提問，而是如何以有意義、有目的的方式來融合兩者。換句話說，核心問題的重點，不只是引發學生的好奇心，更是要幫助學生深入探究學科裡的重要概念，直指優質教育的核心。我們必須要達成**兩種**目標：學科的理解和個人的意義，方法就是提出問題和運用學科專業訓練來探究問題的答案。

話雖這麼說，但當我們真的能有效運用核心問題時，無可避免會導致學生提問的問題越來越多。這是必然的。原因就如同我們重複說過好多次的話：最好的核心問題必須受到質疑，所有提出來的答案都必須被視為暫時的嘗試，因此也就容易引來更多批判性、想像性的提問。而且，我們對於過度依賴學生問題做為課程基礎的警告，也不應該被理解成我們反對學生自主提出計畫、問題或調查研究。相反的，許多最好的課程單元會提供豐富的機會讓學生自己來探索想法和議題，追求有意義的教育和自主學習的發展需要這樣的機會，我們只是希望喚起大家注意必須有的融合：老師和學生一起運用問題來發展需要的理解，是所有人都覺得有趣，也對所有人都有益的理解。

核心問題｜開啟學生理解之門

發展自主性提問

　　使用核心問題的長遠目標之一，是學生最終能夠變成提問者，並且在不需要老師指導的狀況下，持續探究這樣的問題。那麼，發展自主性提問的最佳方法是什麼呢？

　　在語文教學的研究中，描述學生自主閱讀和理解此一長期目標時，經常使用的說法是老師「逐漸釋放和轉移責任」。Pearson 和 Gallagher（1983）創造了這個說法，來描述老師如何慢慢的戒斷學生對於大人協助的依賴，好讓他們最終可以獨立自主的執行任務、完成工作。研究者 Annemarie Palincsar 和 Ann Brown（1984）清楚簡練的做了摘要整理：

> 　　孩子先在專家的面前體驗一系列的認知活動，慢慢的才能自己獨立完成這些功能。首先，一位專家（家長、老師、工匠師傅等等）引導孩子的活動，自己做了大部分的認知工作。孩子一開始的參與像旁觀者一樣，然後像生手學徒負責做一小部分的工作，當孩子變得越來越有經驗，能夠執行更複雜的部分工作，那些她看過大人示範過一次又一次的工作，大人逐漸的轉移給她越來越大的責任。慢慢的，大人和小孩一起共同分擔這個認知工作，現在是孩子主動開始，大人會在她猶豫不定的時候糾正和引導她。最後，大人允許孩子接手擔任主要的思考角色，自己則變成同理、鼓勵支持的觀眾。一開始，這位支持的大人扮演的是示範者、批判者和質問者，引導孩子運用更多有效的策略，並把這些策略應用到更廣的地方；最後，這種質問、批判的角色要由孩子自己扮演，透過自我調整和自我質問，孩子變得有能力自己完成部分的認知功能。成熟的學習者能夠自己擔任這個質問批判的角色。（p. 123）

　　這個**逐漸釋放、轉移老師責任**的模式，最初雖然是為了閱讀教學而發展的，但它提供了一個普遍適用的基模，可以解釋學習者在**所有**學科、**所**

有年紀、**所有**校內外的學習情境中，發展出獨立精熟能力的歷程。我們以兩個簡單的例子，來說明如何落實「從依賴到自主」的發展進程：

- 我做；你看。
- 我做；你幫忙。
- 你做；我幫忙。
- 你做；我看。

- 我示範；你做。
- 你做；我給回饋和指導。
- 你練習和修正；你自己評估。
- 你做，我觀察。

以下再舉一個例子，說明評量學生自主獨立程度的規準：

獨立程度	指標
獨立	學生完全自主獨立、有效的完成任務。
少許鷹架	學生在最少的協助下完成任務（如：老師只給一、兩個提示或線索）。
需要鷹架	學生需要步驟化的教學指示和鷹架工具（如：組織圖、概念圖和檢核表）來完成任務。
簡化的任務，需要大量協助和支持	學生需要簡化的任務；需要老師經常給予回饋建議、回顧檢查和重教一次；需要不斷鼓勵來完成任務。
不獨立	即使給予大量的協助，學生仍無法完成任務。

這種發展進程可以自然應用在核心問題上，不管我們的焦點是放在老師（逐漸釋放轉移責任）或學生（逐漸增加責任）身上，重點都是一樣的。隨著時間發展，學生在進行探究和討論上，都必須逐漸增加自主性，能夠自己提出問題，也能自動回應。至於你身為老師的目標？就是讓自己隨著時間逐漸被學生淘汰咯！

蘇格拉底式問題研討會

　　蘇格拉底式問題研討會（Socratic seminar）是一種比較正式的方法，讓學生自我導向和主動投入核心問題的探索。三十年前，Mortimer Adler 透過「派代亞博雅教育計畫」（The Paideia Proposal, 1982），讓這個方法盛行起來，雖然它古早的起源其實是聖約翰大學的「經典名著」（Great Books）計畫，以及哥倫比亞大學和芝加哥大學的專題研討方法。Adler 提倡這個系統，它帶有三個明顯不同的教育目標——獲得組織完整的知識、發展學術思維技能，以及拓展對重要思想和價值的理解，並且以三種相互關聯的教學方式來支撐這個系統。第三個目標，根據 Adler 的說法，是拓展對重要思想和價值的理解——

　　　不是道德訓示，也不是學生輔導。它無法以講述告知或使用教科書的方式來教學，而是一定要用蘇格拉底式的教學模式，因為它幫助學生產出想法。這種教學藉由提出問題、引導討論、幫助學生提升心靈……，讓學生達到理解或心領神會的狀態。（p. 29）

　　蘇格拉底式問題研討會提供訓練嚴謹的結構，讓參與者運用核心問題來探索和發現文本裡的重要概念。Elfie Israel（2002）為蘇格拉底式問題研討會提出精鍊的定義，以及對參與者的眾多好處：

　　　蘇格拉底式問題研討會是以一篇文章為基礎的正式討論，討論帶

領人會提出開放性的問題。在討論的情境中，學生注意聆聽別人的評論，自主批判性的思考，並且發表自己的想法以及對別人想法的回應。他們學習如何合作思考討論及理性謙和的提出疑問。（p. 89）

　　就像這些文獻顯示的，問題研討會的目標是學生**持續**的探究和意義建構，這個目標不只是獲得專家的理解，它還企圖要學生「參與」專家探究的「比賽」——也就是，增進提出與回答重要問題的能力，做出合理的答辯和系統化的詮釋，有證據的支持並且合乎邏輯。問題研討會一旦開始啟動，它的目的就是探索追問別人提出的想法，確定我們了解彼此所說的話，以及平衡對照其他人的說法和先前引述的證據。因此，在問題研討會中，核心問題不僅是用來讓學生專注在學科內容的對話，以獲得更多的知識，它更基本的目的是要求學生積極主動的建構意義——嘗試建立一個理解的架構，並且拿這個理解來跟別人相互檢驗對照。這是建構主義的本質：意義不是由老師形成，而是由學生自己編織建構的。

　　也如同這些「參與比賽」的研究文獻所說的，問題研討會比較像學生運動員和藝術家做的事情，而非在老師主導的傳統課堂上會發生的事。在運動場或舞臺上，學生的目標是要成為獨立自主、積極主動、有策略的運用知識和技能的人。在足球或棒球比賽中，如果學生只是被動等待教練或老師指揮每一個下一步的「動作」，那就完全違反實作表現的真正重點了——無論是在運動場或教室裡。相反的，學生必須學會如何做出老師的動作——彼此提出問題，指出剛剛的發言當中有什麼矛盾、不一致的地方——而老師必須學習如何保持安靜和仔細聆聽。

　　以另一種意義來說，老師在問題研討會中的角色，是學生探究的教練。這位教練在簡要的教學之後，要退到場邊來觀察和聆聽學生如何進行合作探究和個人探究的練習賽。在「比賽」之前和之後，老師像所有教練一樣，提供合作探究與討論的技能和策略的訓練，並根據學生的表現，為全班和個別學生提供特定的回饋和需要的補救教學。

簡而言之，蘇格拉底式問題研討會並**不是**一種更多對話的教學形式，而是透過問題研討（以及更普遍的運用核心問題），提供學生機會來練習與提升自我調整的探究能力，擁有越來越多的自由度，不需要老師給線索、提示和其他的協助。

不管你是使用蘇格拉底式問題研討會這種正式結構，或只是單純告訴學生這個活動或單元的目標是合作協同探究，教學的意涵都應該很清楚：學生需要知道——透過老師的行動和教室常規——深入的探究是他們必須做到的，不可隨意為之。

常見問與答

Q：我喜歡運用蘇格拉底式問題研討會的想法，但是我在這方面沒有任何經驗。你們可以建議一些如何開始的方式嗎？

問題研討會需要五個基本元素：(1) 共同的資料（以最廣的意義來說，就是一個「文本」、一篇文章）；(2) 特別安排的時間和空間，以支持共同探究的產生；(3) 進行研討的規則；(4) 清楚的目標，清楚說明問題研討會的重點以及如何判斷的標準（清楚說明它跟傳統老師主導的教學有何不同）；(5) 一個開啟問題研討會的好問題，並持續不斷的回到這個問題來探究討論。

開始之前，最重要的事情是選擇問題研討會的基礎。你需要一個內容豐富、刺激思考、有點令人困惑的文本、經驗或資料，搭配一個無法以「是或不是」來回答的問題。換句話說，必須有一個值得努力探討的真正問題或議題。除非有合適的資料可以引發需要探究的問題，又能引出許多看似合理的不同答案，這樣探究才會開始。這也就是為什麼歷史上的問題研討會總是建立在「經典名著」或其他內涵豐富的文本（書籍、文章、電影、棘手的問題）上。

給國高中的學生常見且合適的文本包括：〈美國獨立宣言〉、馬丁路德‧金恩博士的〈來自伯明罕監獄的信〉，或柏拉圖的〈申辯篇〉。至於比較年幼的學生，《青蛙和蟾蜍好朋友》的每個故事都可以用來探討「誰是真正的朋友？」這個問題。還有一些已經發展完備的課程計畫——青少年經典名著、派代亞計畫、試金石計畫（Touchstones）——都提供了絕佳的問題研討會閱讀資料。

　　數學和科學老師可以選擇某個重要主題的有趣閱讀資料（如 E. A. Abbott 的《平面國》，或 Richard Feynman 論科學本質的文章），或者提出一個問題或實驗，以激發跟答案一樣多（甚至更多）的問題。錯誤的證明（例如：1=0 的「證明」），以及會產生和直覺相反、不符常理的結果的實驗（光的干涉產生暗紋），通常都很有趣又具有啟發性。

　　當你選定了一個合適又豐富的資料之後，要向學生清楚說明目標和「共同探究比賽」的新規則，說明你身為「教練」，大部分的時間你會待在場邊（雖然你會保留問問題或指出有趣問題的權利），而學生就是選手。一開始玩小比賽；也許一個星期舉行一次問題研討會，每次大約二十分鐘。挪一些時間來處理、回顧經驗：發生了什麼事？什麼有用？什麼沒用？你們要如何改進？

　　等到學生熟悉了整個歷程，你現在就可以準備提出激發好奇探究之心的問題，讓它成為有用的透鏡，幫助學生建構文本意義。這個問題一開始可能是主題式問題，例如，搭配《麥田捕手》這本書的問題，可能是「霍登發生了什麼問題？」，或者你也可以選擇一個更寬廣的核心問題，比如：「我們有多了解自己？」

Chapter 5

如何處理教學實施的挑戰
和特殊案例？

　　已逝歌手約翰·藍儂顯然很了解一個教育的現實，他有一句出名的格言：「生活就是當你忙著做其他計畫時所發生的事。」很能引起老師的共鳴，尤其是當老師見證過一個設計得非常完美的教學計畫，實際上卻在跟教室裡的孩子真實接觸不到五分鐘，就證明完全無用、被丟到窗外。實施核心問題的教學，會更增加出錯、發生問題的可能，因為老師們不只在嘗試全新的、耗費心力的方法策略，而且，當學生越來越掌握課堂探究和對話討論的自主權之際，更是開啟了越來越難以預測學習結果的教學。因此，聰明的課程設計者會有備用計畫，以備教學進行未如原先預期時，做調整適應之用。明智的你，請預先思考在運用核心問題的過程中可能會出什麼錯，並且準備好在出現這種意料之外的結果時要如何應變。

　　在這一章，我們要來談談老師們在運用核心問題的時候，可能會遇到的一些最常見又重要的挑戰，並提供一些如何解決這些麻煩問題的方法訣竅。我們也會探討運用核心問題來教幼小學生和某些學科領域的特殊案例。

　　可能發生的困難挑戰可以分為兩大類：(1) 面對無法預知內容或走向的討論，老師和學生雙方所產生的無效或不適當的回應，以及 (2) 面對探究歷程本身隱含的無法預測性產生焦慮，老師因此害怕失去控制，而學生

會害怕自己表現笨拙。全新的角色、技能和行為規準都需要實際的練習和學習，就像我們學習一種新的運動賽事或樂器，可以預期在學習曲線當中，無法避免一定會出現錯誤和挫折，而這種可能性會引起老師和學生的焦慮，因為當我們真正在學習一樣新東西時，我們會很想抓到它的可預測性，但實際上卻很難掌握。

那麼，我們要如何才能超越這種因為深度探究核心問題而必然產生的焦慮呢？等到每個人都熟悉、適應了協同探究和它的運作模式之後，討論的豐富度和隨之而來的洞見常常會成為自我增強的因素。但一開始，老師會害怕給予學生權力去規劃探究和討論之路，學生會焦慮沒有單一正確或最後的答案，這些都是必須克服的強大心理障礙。

兩千年前，柏拉圖用洞穴的比喻，生動的描述了我們面對真實探究的焦慮。他說，這是一個「關於我們的無知和教育的寓言」，他要我們想像人類被監禁在一個洞穴裡，只看得見火光把（背後）高舉的物體投射在牆上的影子：

> 一開始，當其中有個人突然被釋放，被強迫站起來、轉過頭去，朝火光走去並直視火光，他會感受到強烈的痛苦。耀眼的火光令他十分苦惱，他無法看清周遭的真相，那些他之前只看到影子的真相。
>
> 現在，想像有人對他說，他以前所看到的全是虛幻的假象。現在，當他越來越趨近真相，而且他的視線也變清楚了——他會怎麼回答？他難道不會以為他以前看到的那些影子，比他現在所看見的物體更真實嗎？
>
> 當然真實多了。
>
> 而且，如果他被迫直視火光，他的眼睛難道不會痛到讓他想轉身躲回之前所見物體影子的假象裡嗎？他會不會認為那些影子假象實際上比現在他所見到的更為清楚且真實？
>
> 當然，他說。

你再想像一下，他心不甘情不願的被拖上一個陡峭粗糙的斜坡，被人牢牢抓著、強迫他一定要直視太陽，他會不會覺得痛苦又惱怒？當他接觸到陽光，太陽一定會照得他睜不開眼，他完全無法看到任何東西，看不見任何稱之為「真實」的東西。

這個寓言運用比喻來告訴世人：真正的教育會將我們從自己的盲目中解放出來。但柏拉圖也警告我們，在真正的學習裡有一個矛盾的悖論：質疑我們以為我們知道的，這在心理上是很難做到的，而且可預料的是，學習者會抗拒它。我們寧可安於已知，我們比較喜歡事物都在預料之中的舒適感，因此會抗拒全新的、不確定的事物，進而引起一堆不太明智的行為，阻礙協同探究的形成與進行——雖然這些行為的結果是，每個人（包括老師和學生）都覺得局勢比較能夠掌控。

Walter Bateman（1990）以比較現代的說法，同樣生動的描述這樣的狀況：當老師第一次扮演這種全新的角色，嘗試提出問題之後，就把自己全然交付給接下來會發生的任何事，那會是什麼樣的感覺：

所以，你真的是非常勇敢，願意嘗試一堂探究教學課。你為這偉大的一天做足準備。你準備了一個問題做為課堂的開始，你提出了問題，你等待一個回答。三秒鐘之後，你開始驚慌，你的手心冒汗，整個班級的學生只是呆呆的望著你。

冷靜冷靜。學生需要時間思考，需要時間來消化「你真的想要他們思考」這個概念，需要時間來想清楚這個問題是什麼意思，想清楚他們是否有足夠的勇氣伸出頭來。

等待。

微笑。甚至不要瞄手錶。帶著充滿期待的眼神，看著一、兩位你平常覺得可靠的學生，以微笑來推他們一把。

等待。不要說話。帶著期待的微笑。

等待。

再過兩、三個小時，就會有學生嘗試提出一個答案。你要是能夠瞄一眼時間，你會發現這兩個小時實際上才過了四十秒鐘而已。

感謝上蒼，那個舉手發言的學生從文本資料裡找出了「正確的」解答。實在太感激了，你好想大喊：「你好棒！你答對了！我就知道我可以相信你！」

但你不敢。你不敢告訴那個學生說答案是正確的。你不敢讓全班學生失去那種思考、決定和判斷的樂趣。

取而代之的，你轉身，把這種喜悅投射到另一位學生身上。「你同意他說的嗎？」

震驚，愣住。許多學生從來沒被問過這樣的問題……

學生會適應的。你會撐過去的。再加上一點耐心和練習，你和學生都將學會如何討論一個議題、質疑一個假定、定義一個字詞、探索不同觀點、獲得思考所需的技能。既然你已經知道怎麼做了，你的工作就是學習保持沉默。（p. 183）

隨著不斷的練習，以及親眼看到學生真的能夠在老師較少的主導下達到正向的學習結果，就像柏拉圖的寓言所說的，我們也會漸漸看清楚並領悟到新的方式確實比舊的好。實際上，我們扮演安靜聆聽者和探索追問者這種新角色，比起純粹教師／指導者的角色，是更有力量的（而這也是蘇格拉底和他的聆聽者在這個故事的對話討論中，推導出來的明確寓意）。

然而，要克服我們的焦慮感和隨之而來的害怕恐懼，還是需要時間。Grant 提到一位中學老師的故事，當時他協助這位女老師試行蘇格拉底式問題研討會。一開始 Grant 示範整個過程，前面一段時間是由他來協助她的學生進行問題研討會，然後是老師執行兩次問題研討會，Grant 在旁觀察並給予回饋，他注意到老師對於技巧的掌握，以及外表上的舒適自在，都有實質的進展。可是，老師對自己的表現卻做了一個奇怪的評估：她認為第二次的問題研討會並沒有像第一次那麼成功。但對觀察者來說，紀錄

資料顯示相反的結果：在第二次的課堂上，整體而言，有更多學生發言（二十六位學生當中只有兩位學生未發言，相對於第一次是三分之一學生發言）；老師提出的問題當中，誘答式、低層次的問題也大大減少了；學生與學生之間的互動討論，也比第一次增加兩倍。當 Grant 問她為什麼她會這樣判斷，她的回答反映了真實的挑戰——當我們在一個比較不清楚結果、不清楚下一步如何行動的世界中，不斷調整教學時所要面對的挑戰。她覺得，相較於第一次，第二次的課堂比較「瘋狂」、比較「失控」，她覺得更沒有辦法確定自己該說什麼、何時該說出來，而這些感覺讓她無法看到觀察者記錄資料所顯示的正向結果。

因此，不論老師對於不確定性的容忍度有多高，這種害怕在深度探究中失去控制的恐懼都是有可能發生的。我們可能會暫時迷失方向，搞不清楚身為老師的意義是什麼。尤其是教年紀較大的學生，我們害怕讓這些「囚犯自主經營收容所」將會爆發極大的混亂。更糟糕的是，上級長官可能會以傳統評鑑教師的指標來看待我們的教學，認為我們是「壞」老師，因而更加重了我們的焦慮感（我們真的聽過老師說，上級長官做教室走察或進班觀察時，他們正在引導學生進行蘇格拉底式問題研討會，結果長官離開時卻只是說：「喔，我會等你進行教學的時候再回來」）。每一個決定採取行動、面對這些恐懼仍然堅持到底的老師，都知道最後會有快樂的結局：如果我們讓學生嘗試看看，並且好好引導他們，學生是能夠迎接挑戰、獲得成功的。所以，對老師來說，最大的挑戰是要找到讓自己更舒適的心理空間，可以越來越輕鬆的面對，漸漸能夠像教練一樣思考和行動——也就是，先進行引導然後逐漸釋放控制權，而不是一直緊盯著學生的每個動作和行為。

但是，當我們找到像教練般舒適的教學空間之後，我們又要重新再面對洞穴的教訓寓意：許多**學生**會拚命抵抗開放式的探究和討論。在蘇格拉底式問題研討會進行到一半的時候，一位非常聰明但明顯被激怒的學生突

然大喊：「Wiggins 老師，我受夠討論了！告訴我們這篇文章到底在說什麼啦！」類似的情形發生在「重理解的課程設計」的工作坊裡，一位老師很不高興的要求：「直接給我一個核心問題！我一個也想不出來！」我們遇到許許多多抗拒深入探究的例子，這只是其中的兩個，相信身為讀者的你以後也一定會遇到。因此，使用核心問題的過程中會遇到的困難點，不只是老師和學生欠缺技能而已。我們必須有心理預備，要設法幫助人們降低焦慮感，對於探究核心問題過程**與生俱有的**不確定性，能夠坦然以對，因為核心問題本身的定義，就是沒有簡單的答案。

一旦我們能夠體認到，不只是提問的技巧和能力上的欠缺，還有這樣的害怕恐懼，都對課堂能否成功扮演重要的角色，我們就能夠像一個好教練，更清楚的評估什麼樣的行動能協助降低對失敗和不確定性的恐懼。所以，積極一點，思考以下列出來的反思型問題，自我評估你自己的心理舒適層級：

- 我提問的是哪些類型的問題？各問了幾個問題？
- 學生們是否了解這個新的「比賽」和它的「規則」？從學生的行為看起來，他們是否了解有效協同探究的目標、角色和行為？
- 我是不是鎮定又有耐心的把責任交給學生？我的態度是不是彷彿在說：「你們可以做到的；我是來幫忙的」？
- 身為教練，我散發的是恐懼還是自信？不管我內心是什麼感覺，我展現出來的態度是不是溫暖、有信心？（請回想前述 Bateman 的故事裡，那位老師微笑看著希望他能舉手發言的學生。）
- 是否有足夠的沉默（等待時間）讓學生形成想法和回應？我是否展現出安於沉默的感覺？
- 我有沒有做出什麼不太明智的行為，暗中破壞了探究和討論（例如，只叫自願、舉手的學生發言，或者，從來沒有質疑或挑戰學生

的回應）？

- 如果學生的發言不是很理想，我的回應裡面有哪些是可以讓更多學生參與討論，並且促使學生更進一步發展他們提出來的想法？有哪些回應可能扼殺了探究的可能性？

- 我的作業和評量是否很清楚的表明：提出問題以及對問題的思考探究真的是很重要？或者，在我的課堂裡，學生還是可以保持被動、只要學會學科內容就可以得到優等的成績？

　　我們都不是完美的老師，對於這些問題，我們大多數人都不會有理想的答案。這些問題對所有教育者來說，的確是永恆存在的核心問題！但是，如果我們能夠更慎重冷靜的關注和處理這些存在於理想目標和無可避免的困難障礙之間的落差，並採取適當的行動步驟來塑造課堂的學習氛圍，我們就越有可能成功。

　　請把這些基礎的考量放在心上，接著我們要來看表 5.1，它整理了老師和學生運用核心問題時會遇到的挑戰議題，以及相應的建議行動。當然，這些擔心的問題和簡要的疑難排解建議只是一個開始，我們鼓勵讀者多閱讀和探討一些有關提問的推薦文章與書籍（請見附錄中加了註解說明的參考書目），更深入了解可能的困難和解決之道。

表 5.1 運用上的議題、指標和排解疑難的建議

議題：不清楚協同探究的目標

有關老師的指標

老師的說話和行為表現得就像是：學生應該都明白了解問題的意義、對話的本質和探究的價值。

- 認為只要張貼或提出核心問題，就足夠讓學生進行這個歷程。
- 看到學生沒有回應或提出表面答案，覺得挫敗。
- 看到學生的回答欠缺支持證據或多元觀點，覺得失望。

有關學生的指標

學生認為有一個「最好的」答案，或者，對一個開放性的問題來說，任何回應答案都是可以的。

- 立即快速、直覺隨意的回答。
- 發言的人覺得不需要澄清自己說的話，或替自己說的話找到支持的證據。
- 回答常常離題、不能聚焦，或隨便亂答。
- 老師要求學生為自己的發言找到支持證據或理由時，學生感到迷惑不解。
- 學生要求老師幫忙（「告訴我們你想要什麼」）。

建議

- 重新回顧檢視探究、討論核心問題的目的、規則和流程規範。
- 提醒學生你期望看到的是參與的品質，重質不重量。
- 清楚說明不同的兩、三個答案都可能是有效、合理的詮釋。
- 如果有需要，特意強調和稱讚學生的回應能以別人的想法為基礎再做推衍，或是能連結別人的想法。
- 在下次討論一開始的時候，提醒學生關於有效回應的特徵。

議題：害怕、恐懼

有關老師的指標

老師害怕失去控制權，害怕失去學生對老師「權威」的尊重。

- 老師過度主導討論（看起來比較像是熟背課文一問一答的模式）。
- 只點名最有能力的學生回答。
- 遇到學生不太肯定或離題的回答，明顯表現出憂心或不悅的表情。
- 明顯可見的緊張或不自在。

  核心問題｜開啟學生理解之門

表 5.1　運用上的議題、指標和排解疑難的建議（續）

有關學生的指標

學生害怕過於突出，看起來愚蠢。

- 有些學生會低頭或看旁邊，避免被老師點名發言。
- 臉部的表情和緊張的笑聲暗示著害怕與焦慮。
- 有學生在課堂上沉默不言，但在課前課後卻一直在談論這個主題。
- 學生在發言的開始會說：「我知道這聽起來實在很笨，但是……」

建議

- 像教練一樣思考；仔細觀察學生「比賽」並做記錄，以備後續追問。
- 給學生思考時間，並要求他們寫下一些想法，等一下發表用。
- 先在兩人或三人小組裡分享，然後統整出一個想法。
- 通知內向害羞或沉默寡言的學生，你將會問他們一個問題，讓他們有時間準備。
- 老師（和學生）可以觀看示範討論的影帶，更清楚的了解討論活動的本質、如何運作，以及需要什麼樣不同類型的控制。

議題：不習慣沉默和模糊不確定性

有關老師的指標

明顯可以看出老師不習慣沉默和模糊不確定性。

- 沒有給學生等待時間。
- 從表情和行為看來，對課堂的沉默感到痛苦。
- 不斷試著回答學生的問題和評論學生的回應。
- 對學生說，如果你們願意努力尋找的話，這個核心問題其實有明確的答案。

有關學生的指標

明顯可以看出學生不習慣沉默和模糊不確定性。

- 他們等著老師指示下一步行動。
- 當課堂陷入沉默的時候，他們會坐立不安，看起來很不自在。
- 學生懇求：「你就告訴我們，好嗎？」
- 學生在發言之後，尋求老師的認同（例如：「這樣對嗎？」）。
- 學生請求老師提供問題的答案。

（續下頁）

表 5.1　運用上的議題、指標和排解疑難的建議（續）

建議

- 示範放聲思考和放聲表達感受，讓學生了解每個年齡層的人在討論開放性的問題時，都可能經歷那種不自在和不習慣。
- 請學生寫下他們在課堂討論之前和討論當中的感覺。討論他們的回應，並從中找出類型和趨向。
- 閱讀並討論一些描述上臺恐懼或不習慣模糊不確定性的短篇故事文章。
- 提醒學生探究的流程／規則／評量規準，強調投入參與和勇於冒險的重要性。

議題：過度重視教學內容

有關老師的指標

老師擔心教學內容進度。

- 把核心問題純粹當作修飾語句，並非真的期望學生回應，或只是利用核心問題吸引學生上鉤，好做某一主題的直接教學。
- 當討論開始熱烈起來的時候，很快就中斷討論（例如：「我們必須進行下一個……」）。

有關學生的指標

學生過度重視內容知識的獲得和考試評量。

- 學生擔心老師要考什麼、如何打分數（例如：「這個算分嗎？」）。
- 學生常常尋求老師的協助（例如：「請直接告訴我們需要知道什麼」）。

建議

- 清楚說明學習的目標是類化、遷移應用內容知識和提出不同的觀點，而非只是找出事實。
- 清楚區分事實和意見、資料和依資料做出的推論之間的差異。

議題：核心問題和回答過於聚斂性，範圍太狹隘

有關老師的指標

老師的問題和評論主導一切。

- 問題只有唯一一個最好的答案。
- 老師似乎太急切想得到一個想要的答案。

表 5.1 運用上的議題、指標和排解疑難的建議（續）

- 老師問太多「是什麼」和「什麼時候」和「如何」的問題。
- 「為什麼」問題的答案指向學生可以查出來的事實。

有關學生的指標

學生試著說出、猜測或找到「正確的」答案，而不是深入的思考。

- 學生說出想法或評論時，帶著一種「我的發言應該就是定論，可以結束話題了」的聲音語調。
- 一旦有人提出一個答案，大部分的學生馬上停止思考。

建議

- 多問一些「為什麼」和「如果……會怎麼樣……」的問題。
- 即使某個學生提出了一個真的很好的回答，仍然要問：「還有別的方式來看待這個議題嗎？有沒有其他可能的答案？」
- 要求學生用這樣的句型來回答：「我以前認為……，現在我認為……」

議題：核心問題和回答過於擴散性，範圍太廣泛

有關老師的指標

老師的問題籠統、模稜兩可或沒有焦點；太過廣泛，沒辦法引領到令人滿意的結尾。

- 「這裡的想法是什麼？」
- 「這些資料代表什麼？」

有關學生的指標

學生似乎看不出來問題的目的，或不知道該如何回應。

- 學生迴避老師的眼神，看起來很不自在。
- 學生臉部的表情顯示他們感到迷惑。
- 學生問：「老師到底在問什麼？」
- 學生苦於找不到話說（雖然他們努力嘗試要參與討論）。

建議

- 用比較簡單的說法來重述或重新組織問題。
- 更具體明白的表述問題，比如，如果「什麼是好的寫作？」引不出任何有用的回應，就改問：「一本好書和一本經典名著之間，有什麼不同？」

（續下頁）

表 5.1   運用上的議題、指標和排解疑難的建議（續）

議題：太過強勢

有關老師的指標

老師提問和追問的態度，明顯太過強勢、具攻擊性，讓學生覺得害怕。

- 「你到底為什麼會**那樣**説？」
- 「你怎麼可能會想到……？」
- 「是什麼讓你提出這樣的説法？」

有關學生的指標

學生故作姿態，努力想「贏」或「答對」。

- 「那一點意義也沒有。」
- 「提出證明來！」
- 「讓我來告訴你正確答案是什麼，你的答案有什麼問題。」

建議

- 示範給學生看，在回應別人不太理想的發言時，什麼行為是適當的，什麼行為是不適當的。
- 開玩笑式的提醒學生：你「犯規」了。就像曲棍球賽有處罰下場的坐席，籃球賽有犯規判罰的規則，討論當中也有「犯規」的行為，把它們列出來，逐條討論；也可以從電視談話節目和廣播節目中找出一些例子來討論。
- 提醒學生行為的規範，以及「討論」和「辯論」之間的不同。
- 給小組團體打討論分數，而非只給個人分數。
- 如果你不小心説了明顯不適當的話語，向學生道歉。

議題：太好，太過和善

有關老師的指標

老師不會深究也不批評學生貢獻的想法。

- 「凱特，你的想法很有趣。」
- 「喬，謝謝你的分享。」
- 「很好」（完全沒有指出為什麼很好）。

表 5.1　運用上的議題、指標和排解疑難的建議（續）

有關學生的指標

學生似乎不願意反對同學或老師的意見。

- 面對一個明顯不正確、有問題、具爭議性或不尋常的發言評論，學生仍然保持沉默。
- 如果自己的發言受到任何挑戰，學生會顯得不安、生氣或尷尬羞愧。

建議

- 清楚説明：質疑別人的發言或答案，未必是攻擊或威脅。
- 適當運用追問句，如：「你是説……，我的了解對嗎？」「你那個有趣的想法，可以在文章的哪裡找到支持證據嗎？」「我沒聽懂你説的話；你可以解釋你是怎麼想的（想法或論證）嗎？」
- 強調扮演魔鬼代言人的重要（也許可以找一支塑膠惡魔叉當作道具，用來打破沉默、讓發言氣氛活絡起來）。
- 裝傻；例如：「喬，我不太了解你在説什麼，請幫助我了解你的推理過程。」「老天，我一定很笨，我在文章裡沒看到那個，你可以幫我找到嗎？」

議題：不同的意見太少

有關老師的指標

學生的回應欠缺多元差異性。

- 沒有鼓勵學生從不同的觀點來思考核心問題。

有關學生的指標

學生沒有提出各種不同的回應。

- 學生可能沒有讀過文章或完成任務。
- 學生採用的可能是表面化的方法，一直在尋找或想聽到「正確的」答案。
- 學生的發言顯示他們覺得如果某個東西出現在書裡面，那它一定是真的；他們相信這些議題非黑即白，不習慣灰色地帶的存在。

建議

- 引進書評、讀者投書或觀點對立的文章，讓學生知道：有智慧、有學問的人在重要問題上，是會產生不同意見的。
- 扮演魔鬼代言人。
- 舉辦正式的辯論會，並解釋你為什麼要舉辦辯論會。

（續下頁）

表 5.1 運用上的議題、指標和排解疑難的建議（續）

議題：主導性太強

有關老師的指標

老師說太多。

- 替學生回答問題。
- 在每一個學生發言以後，都立刻回應、提出自己的意見。

有關學生的指標

一位或幾位學生說太多，而其他學生變得更沉默、更被動。

- 有些學生不以為意，或忽略自己主導全場的事實。
- 有些學生很有自信的做一些籠統廣泛的歸納評論。

建議

- 請那些主導的學生暫停幾分鐘，改為摘要記錄討論內容，或擔任對話過程觀察員，編碼記錄誰說了什麼以及發言內容是什麼性質。
- 將全班分成兩組，把經常主導討論的學生放在同一組，然後要求這一組擔任觀察員和記錄者，觀察記錄另一組的討論；然後再互換角色。
- 提醒學生，盡可能把更多的觀點擺出來討論，這對大家是有幫助的，因此要設法讓所有的觀點和想法都能出現，供大家思考與討論。

議題：不夠敏感、粗魯無禮、不成熟的評論和語調

有關老師的指標

老師貶損某個學生或發言。

- 愛嘲笑諷刺學生。
- 在某個學生發言時翻白眼。
- 對某個學生或該學生的發言做出侮辱的評論。

有關學生的指標

學生愛嘲諷別人，或貶損某個人，或看輕合理的回應。

表 5.1　運用上的議題、指標和排解疑難的建議（續）

建議
• 如果老師說出粗魯無禮的話，應該立即道歉，並提醒大家討論對話的規則。或者，老師可以把它轉化成重要的教學時刻：「我剛剛做了什麼？為什麼這對討論過程沒有幫助？」 • 如果學生說了粗魯無禮的話或做出不適當的行為，試著讓全班學生注意和警惕這樣的行為，雖然這可能代表短期內，你必須溫柔但堅定的提醒這樣的行為太過分了。 • 試著抓到一位學生，明白指出他的肢體語言暗示著對其他人的輕蔑不屑或不耐煩，並問他：「你做了一個鬼臉，可以請你解釋為什麼嗎？」

現在，我們把討論焦點轉到運用核心問題的特殊挑戰案例。

讓核心問題變得親近孩子

當教育者（特別是年幼孩子的老師）開始設計核心問題時，通常會問：「我應該用『孩子的語言』來陳述核心問題，還是用大人的思考方式來陳述？」且讓我們有點厚顏無恥的回答：是的，我們應該兩種都做！

請謹記規劃設計和實際教學之間的差異。當我們開始**規劃設計**一個單元的時候，我們會考慮整體的目標——課綱標準、理解、知識和技能，在這樣的情境下，我們選擇或提出核心問題。在這個時間點，老師重要的是清楚掌握在注重理解的教學中，什麼問題是真正關鍵重要的。但是，核心問題的**觀眾**終究是學生，我們想要透過與學生生活相關、讓學生易於理解的方式來提出問題，引發學生思考，因此，通常有需要編輯、修正或調整「大人版」的問題，讓它變得親近孩子。以下我們舉三個例子來說明這樣的調整：

• 一位中學英語／語文藝術老師發展出這個核心問題來引導學生閱

讀、討論和寫作：「同儕團體如何影響青春期初期青少年的信念和行動？」這個問題適用於她課程大綱裡列出來的部分短篇故事和小說，而且這個問題當然也和這個年紀的學生有關。不過，老師卻發現這個問題從未引起學生的回響，因為他們認為它太過「教條」。依據學生的建議，她把問題改成這樣：「為什麼有些人有時候在團體裡會表現出愚蠢的行為？」事實證明這個問題是個大贏家——學生很快就投入討論，這個問題能夠長期維持、吸引學生的興趣，而且也是文學作品中關鍵的思考議題。

- 在全球研究課堂上，一位老師使用這個核心問題來探討俄國歷史單元：「對俄國來說，戈巴契夫是英雄還是叛徒？」過程中，學生以「心靈相會」的形式來扮演各個俄國領導者的角色（戈巴契夫、葉爾欽、列寧、史達林、馬克思、托洛斯基和凱薩琳大帝），這個核心問題讓學習活動和最終的辯論會能夠持續聚焦。然後，回答這個問題時，學生可以選擇不同的寫作形式（比如：模擬報紙文章、社論或論說文）。在幾個班上試用過後，老師發現可以更有力、更寬廣的運用這個問題，所以他把問題改成：「誰搞砸了？」

- 一位小學老師把她原本很大人語言的核心問題：「一個地區的地理、氣候和自然資源會如何影響那個地區居民的經濟和生活型態？」修改成：「我們生活的**地方**，會如何影響我們生活的**方式**？」

正如「布丁好壞，不嘗不知」，實踐才是真正的檢驗，核心問題的價值也是在運用過程中才顯現出來；也就是說，學生能夠找到跟它的連結關係嗎？它能否激發思考和討論？探索這個問題會導向更深刻的理解嗎？如果不行，那就需要修正調整了。

數學的核心問題

　　就像前面提過的，我們發現各個教育階段的數學老師，在形成和運用核心問題上，經常會遇到困難。會產生這樣的現象，大部分歸因於：依照年齡分層撰寫數學標準（典型的方式是條列出具體的概念和技能）；依據數學標準編撰教科書；評量這些標準的方式（採用脫離情境脈絡且有標準答案的題目來評量）；以及公式化的教學規定和演算法則（例如：「你的工作不是要去思考、推導它的緣由；你只要把它上下顛倒，再相乘就可以了」）。如此架構數學學科內容，當然無法培養出以核心問題為中心的課堂教學方式。

　　我們在第三章提過一個建議：運用一系列總括式核心問題，隨年級做螺旋式的循環，將學習重點放在數學的重要概念和關鍵歷程（例如：「如何運用數學來測量、模擬和計算它們的變化？」）。然後，從這一系列的核心問題中選出合適的，應用在**特定**技能和主題的學習上（例如：「如何運用分數來測量、模擬和計算它們的變化？」）。

　　美國各州共同核心課程標準（Common Core State Standards, CCSS）當中，也建議了另一個可以在數學領域運用核心問題的方法。除了傳統的內容標準（content standards）之外，CCSS 的發展者也定義出一系列實踐標準（practice standards），把希望學生學會的思考歷程和心智習性的特徵都標示出來。這些標準非常適合做為反覆出現的核心問題，可以應用在各種主題和層次。下面列出八個實踐標準和對應的核心問題：

1. **了解問題的意義並展現解決問題的毅力**。這是什麼類型的問題？必須找到什麼條件？什麼是已知？什麼是未知？什麼才算是夠好的解決方案？我的答案有意義嗎？我的方法有意義嗎？如果解題時卡住了，我應該做什麼？它讓我想起了哪些類似的問題？有哪些比較簡單或特殊

的案例可以幫助我？

2. **兼重抽象及數量推理**。這些數量之間有什麼抽象的關係嗎？這樣的數量關係，意義何在？我要如何將這些數字抽離情境，找到數學上的關係？我是否適當的表徵了這些數量之間的關係？哪些運算和等價關係可以用來簡化，幫我解這個問題？針對這些數量的抽象表徵，放在情境脈絡裡是否有意義？

3. **建構可行的論證並能批判他人的論據**。這已經獲得證明了嗎？假設是什麼？那個推論過程是根據哪個假設？這個假設在邏輯上會推導到哪裡？結論合乎邏輯嗎？結論合理嗎？我是不是已經充分的舉證來支持我的解答和思考歷程？這些解答中，哪個比較合理？這個論證有意義嗎？針對我的結論，可能有什麼反證據和反論證？

4. **用數學建立模式**。有什麼數學概念可以應用到這個情境和這些資料？為了替這個現象、資料或經驗建立一個數學模式，我應該如何簡化或概算？如何改進這個模式，讓它不要那麼簡單而粗略？在這種情境下，這個模式有意義嗎？如何檢驗這個模式？這個（或任何一個）數學模式的限制是什麼？可以如何改進這個模式？

5. **有策略的使用適當的工具**。這裡我應該使用什麼工具，才會更有效率，且更有效益？手邊有的工具的優、缺點是什麼？要完成這個任務，有更好的工具嗎？有需要的時候，我在哪裡可能會找到更有幫助的資源？

6. **注意精確度**。對於這些資料和這個解決方法，什麼樣的精確度是適當的？就面對的觀眾和目的而言，我呈現的資料、推論過程和結論，是否已經夠清楚了？哪些名詞需要清楚的定義？我檢驗答案的正確性了嗎？我有多少把握？這個答案，應該達到多少統計上的信賴度？

7. **尋找並利用結構**。這裡潛藏著什麼規律？如果這只是部分，那麼，整體是什麼？如果這是整體，部分又是什麼？這是哪種類型的問題？可

以將這個問題，利用等價或重組的方式，幫助我看到其中的規律或結構嗎？我可以轉換成什麼樣的觀點，讓解題的途徑更清晰？

8. **在反覆推理中尋找並呈現規律性。**這裡面可以找到什麼規律性，顯示其中存在著固定的關係？可以用什麼總結或簡要方式來表達這些反覆出現的規律？哪些規律是明顯可見的？我確定這個規律會重複出現嗎？還是我的取樣太小了？有沒有合理的方式可以描述我觀察到的規律？

請注意：每個標題下所列出的許多問題，都跟實踐標準的敘述說明所使用的語言和例子有直接、明確的對應。

外國語言的核心問題

教授英語以外的現代和古典語文的老師，在發展和有效運用核心問題時，尤其是剛開始的初階層級，常常會遇到困難。這是可以理解的，因為很多語文初期教學的重點都是放在基本的文法結構和字詞彙的發展。而且，語文教與學（不管是英語／語文藝術或外國語文）的核心是程序性技能，環繞著聽、說、讀、寫相關技能來做螺旋式的發展，其學科「內容」（陳述性知識）基本上涉及文學和文化。雖然，對老師來說，以文學主題（如「英雄」）和文化主題（如「節慶」）來發展核心問題，是比較容易也比較習慣的方式，但語文的技能領域就比較複雜棘手。我們確實經常聽到語文教師批評「重理解的課程設計在我們這個領域是不管用的」，因為他們經常在第一階段就遇上困難（其他技能領域，如音樂和體育老師也是）；這個階段是確認期望的學習結果，包含決定教學單元裡要思考討論的核心問題是什麼。

根據語文螺旋式發展的特質，我們建議，教語文技能時，要使用更寬

廣的、跨單元的總括式核心問題。我們的意思不是說，特定單元或主題式問題在語文教學裡沒有立足之地，而是期望看到這樣的問題能夠與單元主題（如食物）和特定策略（如總結大意）緊密連結在一起。

　　以下舉幾個較為寬廣的核心問題為例，這些都是語文教師實際使用過，而且證明效果很好的問題：

動機

- 為什麼要學習另一種語言？
- 我學習另一種語言的動機是什麼？
- 我對於學習另一種語言的期望是什麼？
- 學習一種語言會如何提升我的生活品質？
- 學習另一種語言可以如何開啟機會之門？

學習歷程

- 我已經擁有哪些學習語言的技能？我可以如何運用現有的溝通技能來學習一種新語言？
- 什麼是「語言模式」？它們可以如何幫助我學習和運用一種新語言？
- 什麼是不同的語言學習風格？我要如何決定什麼是對我而言最有效的語言學習風格？
- 我要怎麼讓自己的說話和發音聽起來更像是本土說母語的人？
- 當我卡住的時候，我該怎麼做？
- 我要怎麼樣才能幫助自己提升說話的流暢度和準確度？

溝通

- 為什麼光靠字典是不夠的？為什麼我不需要翻譯每樣東西？
- 本土說母語的人和說話流暢的外國人之間的差別在哪裡？
- 語言使用哪些方式傳達意義？

- 你如何不使用語言文字來「說話」？什麼是「肢體語言」？
- 語言如何隨情境而改變？面對不同的人、在不同的場合，為什麼我們會使用不同的遣詞用句、表達形式……等等？
- 當我的想法比我的溝通能力還要複雜、難以表達的時候，我該怎麼做？
- 我要如何讓一場對話持續下去？
- 語言上的冒險有什麼好處？風險又是什麼？什麼是值得犯的錯誤？
- 書寫語言和口說語言有什麼不同？口說語言又和書寫語言有什麼不同？聽跟讀有何不同？

表演藝術的核心問題

　　表演藝術的老師也常常會遇到和前兩個領域的老師同樣的挑戰，這並不令人意外，特別是當他們的教學重點鎖定在技能發展和練習的時候。就像外國語言和幼兒語文教學一樣，我們很容易就相信教學上唯一需要擔心的是建立技能基礎，但這對正在萌芽的音樂家、演員、電影製作人和舞者而言，卻是幫倒忙的行為。從很小的時候，他們就需要有人提示基本的核心問題，比如：**這場表演成功嗎？那一場表演的基調、氛圍或感覺是什麼？這表演有多少生命力？觀眾有受到感動嗎？我們是否溝通了某種意義或傳達了某種感情？**

　　讓我們想想傳奇的爵士樂隊首席領班艾靈頓公爵和他著名的歌曲〈It Don't Mean a Thing If It Ain't Got That Swing〉（沒有搖擺就沒有意義）。所謂**搖擺**（swing），來自於把你的靈魂放進你的工作裡，而歌名剛好可以廣泛應用在所有的表演藝術裡；也就是說，準確的演奏每個音符、寫實逼真的繪圖、精準的背誦臺詞都不是最終的目標。而且，在音樂圈裡，有

時候「行家」（virtuoso）一詞，還隱約帶有一種輕蔑的語氣，暗指我們所提到的音樂家可能擁有偉大的演奏技巧，但卻沒有靈魂。

在表演藝術裡，深入的問題和辯論更有可能處理的是創造的歷程和詮釋，而不是技能。例如，試著要學生聆聽或觀賞同一首歌曲、同一電影場景或舞蹈的三個不同表演版本，它們有哪些相同？有哪些不同？表演者和導演以他們特殊的方法，想要表達、溝通什麼？舉音樂為例：讓學生聆聽、比較瑪莎與范德拉斯（Martha and the Vandellas）以及琳達·朗絲黛（Linda Ronstadt）演唱的〈熱浪〉（Heat Wave），在情感表現上，這兩個版本是完全不同的編曲和表演。

因此，我們鼓勵視覺和表演藝術教師考慮另一種概念主軸——藝術和創造歷程、詮釋和批評，以及藝術在社會裡的角色——做為豐富運用核心問題的舞臺。舉例如下：

藝術和創造歷程

- 誰是藝術家？任何人都可以是藝術家嗎？
- 為什麼人們要創造藝術？
- 藝術家是如何得到創作靈感的？
- 情感或情緒如何透過音樂、視覺、動作來傳達表現？
- 每一種藝術是以什麼方式來做獨特的溝通與表現？
- 我是哪一種藝術家？我可以成為哪一種藝術家？
- 我可以如何運用其他藝術家的作品來幫助自己成長？
- 我的藝術創作如何改變？為什麼改變？
- 我的藝術創作有多少程度改變了我自己？
- 我要如何在某種藝術形式上有所成就？

詮釋和批評

- 我們可以如何「閱讀」和了解一件藝術作品？

- 誰來決定藝術的意義？
- 藝術帶有一種訊息嗎？
- 藝術應該帶有一種訊息嗎？
- 一幅圖畫是否可以勝過千言萬語？
- 是什麼讓藝術變得「偉大」？
- 我喜歡這個（音樂、繪畫、舞蹈、戲劇）嗎？
- 藝術創作的材料媒介就是訊息嗎？
- 在溝通傳達特定想法或情感時，某些媒介會比其他的媒介更好嗎？

藝術在社會裡的角色

- 藝術作品會告訴我們關於一個社會的什麼？
- 藝術如何反映時間、地點和想法？
- 藝術如何反映和塑造文化？
- 藝術家對他們的觀眾有責任嗎？對社會有責任嗎？
- 我們是否應該審查、監督藝術表現？
- 科技的改變以什麼方式、在哪些方面影響了藝術的表現？
- 不同年代的藝術家如何探討和表現相同的主題？

堅持到底

　　我們知道，用短短的一章來談實施的困難點，大概只能搔到問題表面，而單靠這一本書，也不是解決問題的理想資源，需要的是更多互動式的協助。就像學習每一種全新的學問和複雜的表演一樣，技能需要時間練習，挫折乃是預料中的事，而懷疑就會趁機而入。然而，我們希望我們提供的架構和訣竅能夠給你足夠的勇氣和方向往前進，不要放棄探究取向的

教學。你也會發現，如果你能夠召集一個小組或團隊的人，一起來探討這些方法，那麼，三個臭皮匠勝過一個諸葛亮，透過有志一同的同事團隊和行動研究者，你們所遇到的各種困難必定能夠迎刃而解。

就像柏拉圖的洞穴寓言所說的，痛苦掙扎和反彈抗拒是無可避免的，但到了最後，在見識過學生進行提問探究的解放力量之後，不會有人樂意回到過去的舊習慣。

常見問與答

Q： 你們說核心問題是開放式的問題，而且答案總是暫時性的。但是在數學、外國語言或其他技能領域，似乎不可能有這樣的核心問題，因為學生就是必須學習那些事實性的素材（如字彙），也要練習關鍵重要的技能。

請回到第一章的第 2、3 頁，我們列出了數學和外國語言的核心問題範例，請想一想這些問題彼此之間有什麼共通點。基本上，它們談的都是策略的議題，而不是技能；是後設認知，而不是事實知識；是學習方法和技能應用的相關優點和價值，而不是技能本身。幾百年來，數學家一直在爭論證明的方法，探討像是無理數、負數、虛數這種「怪異」概念的意義和價值，論辯不同數學模式的優點和限制。同樣的，關於什麼才是學習語文最有效的方法，或者對文化的理解有多少程度會影響語文學習，一直以來也是沒有定論。因此，我們可以總結歸納：在技能領域，核心問題的焦點通常不是在特定技能本身，而是在如何**策略性使用**技能的議題。

Chapter 6

如何在教室裡建立探究文化？

在這本書裡，我們已經說明了核心問題的特徵（what，**是什麼**）、目的（why，**為什麼**），以及設計和應用的方法（how，**如何**），但要完全發揮核心問題的力量，我們需要一致性、系統性的整合和努力，來塑造學生的行為和態度，使之有利於探究文化的形成。前面幾章我們已經提過教室文化的重要，在這裡，我們要更全面、更細緻的檢視哪些是必須塑造出來的文化元素，以及如何做到。

大約一個世紀以前，約翰・杜威有如先知般的觀察洞悉教室文化和提問存在的問題，時至今日仍然一樣：

> 沒有人曾經解釋：為什麼孩子們在學校外能夠提出那麼多問題（尤其當他們受到鼓勵時，更會讓大人覺得煩擾），可是對於學校課堂裡的學習內容，他們卻完全沒有展現任何的好奇心？這真的是非常可疑的現象。反思這強烈的對比之後，我們就會明瞭：一般學校提供給孩子的學習經驗和情境，跟自然產生啟發性問題的學習經驗和情境之間，相距有多麼遙遠。（Boydston, 2008, p. 162）

我們同意杜威的看法，學生的好奇探問之心，遠比他們在傳統教室裡的行為表現強烈得多。毫無疑問的，你也會觀察到學生對學科內容的好奇程度，跟他們進入學校的年級數，似乎呈反比關係！這樣的趨勢說明了什麼？什麼因素妨礙了教室探究？這很容易歸咎於整個社會大環境。當然，

學校以外的因素會影響學生的動機和行為，比如無趣的電視節目和電動遊戲似乎正偷偷的摧毀深刻的思考，而政治方面的言論則是辱罵多於探究。但是，正如杜威的評論所強調的，真正的問題出在學校裡的文化。在前幾章提到的許多教室規範，暗示著我們可以也必須超脫那種我們對外在世界無法控制的宿命論思考，正視在我們的環境裡到底有什麼**是**可以改善的。雖然，在這個處處試煉的環境裡，我們沒辦法把教育的困難與挑戰降到最低，但是我們也不能接受那種「怪罪學生，怪罪家長，怪罪社會」的反應。我們要教導班上的孩子，在與他們共處的時間裡，我們要做什麼、要如何跟他們互動，我們還是擁有絕大部分的控制權。

John Hattie（2009）曾經做了超過八百篇有關學生學習成就研究文獻的後設分析，提出這個結論：有三十多種教學介入方法對學生成就的影響超過社會經濟地位的影響，其中包括高層次的提問、關注後設認知，以及鎖定目標的回饋。意思是，在「低成就表現」學校裡的老師，還是能夠運用蘇格拉底式問題研討會和方案學習方式，讓學生擁有非常不凡的學習成果——但現實裡卻有太多的反例可以打消這些影響發生的可能性。在路易斯安那州的一所高中，我們觀察了一個以問題研討模式進行教學的班級之後，該校校長當下脫口說出一句令人覺得遺憾的評論：「老天，我從來沒想過我們的孩子也會思考！」同樣的，我們也曾看過「優良」學校裡進階班的教學，像洗碗水一般索然無味。這樣說來，也許，我們並沒有好好處理那些我們能夠控制的學校文化的面向。

我們認為，Pogo 這個卡通人物的經典名言，真確的指出了妨礙探究文化形成的核心問題：「我們遇到了敵人，而他就是我們自己。」我們實在不想承認，但有時候，許多很普遍的教室常規和教師行為**真的**會傷害提問的文化。如果趕進度和老師過多的講述是常態，那麼，哪裡會有邀請學生提問的空間呢？如果我們的評量主要是獎勵事實的記憶和辨識再認，那麼，認真努力思考事情的機會或誘因何在呢？如果學生在提出意見之後，

?◦ 核心問題｜開啟學生理解之門

總會招來「覺得自己很笨」的後果，那麼，其他學生還有多少可能會自願發表意見呢？

就像「戒酒無名會」的起點：第一步就是承認問題**的確**存在，我們認為建立探究文化的起點，應該是全體教職員一起來探討大家習慣的教學法當中，存在哪些我們不想要的負面效應——它們可能會如何扼殺學生的好奇心、參與感和高層次思考。審慎仔細的改變課程、教學和教室常規，這會對學生的參與投入和思考品質產生重大的影響，研究和常識皆已如此證明。

在這一章，我們會探討奠基和支持教室探究文化的八個元素，也是我們所能控制的八個元素。

元素一：學習目標的本質

我們的教學行為與我們的目標有多少程度的相符？如果我們想要的學習結果當中，有理解和批判思考，那我們的課程和評量有反映這些目標嗎？換句話說，我們說到做到嗎？

我們把「想達成的學習目標和實際的教學行為之間的相符一致性」放在第一位，因為探究目標是否付諸實行、是否清楚易懂、是否明顯擺在最優先的順位，這些都會影響和塑造學生的行為與態度。

建築界有一句經典名言：形式隨功能而生。在教育界，這句話代表我們要求學生做的事和我們訂定的日常教室規範，都必須跟隨著我們的學習目標走，務求跟學習目標一致。從最廣的層面來說，我們指的是課程—教學—評量（CIA）之間的一致性。正如先前所提到的問題（例如：如果真正的目標是教材內容進度，怎麼可能會有探究產生？），課程—教學—評量的經驗對於教師和學生的角色與行為會產生微妙但強力的影響，這也就是為什麼有些意圖良善的老師，雖然用了許多前幾章提到的好策略，卻很

沮喪的發現，學生並沒有如他們所預期和想要的那般深入的思考或自由的交談；這也解釋了為什麼就算是立志要激發探究的老師，也可能會話說得太多，引導學生的回應太少。不過實際來說，這有什麼好驚訝的呢？儘管老師心裡希望學生能探究，但是如果我們課程綱要的呈現方式會誘導許多老師只重視教材內容進度，如果我們的測驗只想評量學生是否精熟知識內容，那我們不就等於非常清楚明白的告訴學生：所謂的深入探究，往好處想，只是一個可能的選擇，你未必要做；往壞處想，它就是一個讓我們沒辦法有效完成進度的**麻煩**？

　　所以，如果教師和學生同樣相信「專家知識與技能的獲得」是唯一的學習目標，那麼，儘管師生有時候希望能進行探究，但討論就是很**表面化**，提出來的問題基本上也是事實性或技術性的問題。在重視教材內容進度的世界裡，提出一個問題的目的是找到事實資訊和檢核記憶，我們可以預期──而且我們也經常發現──大部分的問題都是低層次的聚斂性知識和理解問題，不管是學生、教師或教科書提出來的：**……是什麼？……的步驟是什麼？……是誰？……是什麼時候發生的？回家作業是什麼？你如何……？我們需要知道什麼才能應付考試？它必須是多長？**比較開放性的問題和比較長時間的討論並不會受到歡迎，反而會被視為妨礙進度和岔離主題！

　　另一方面，如果課堂的作業、常規和評量都很清楚的告訴學生：深入的思考是成功的**必要條件**，那麼我們可以預期會聽到不一樣的問題──較高層次的擴散性問題，比如：**為什麼……？我們可以怎麼樣……？誰有不同的想法？但是你要如何把這個想法跟先前的那個……想法對應起來？當你說……的時候，你的預設是什麼？**最重要的是，學生會知道「深入思考這類問題之後再提出回應」是成功的必要條件，也會了解課堂任務和家庭作業的設計目的都是為了引導大家深入思考與回應。

　　這也就是為什麼我們會在最新版的「重理解的課程設計模組」（我們

稱之為「2.0 版」）中，清楚明瞭的區分**獲得知識**目標、**建構意義**目標和**遷移應用**目標——因為在課程—教學—評量的設計中，這三種不同的目標要求的是不同的關注重點。遷移應用和建構意義的目標，特別需要拓展學生的思考和討論，因此我們的教學必須刺激和引發思考討論——透過課程設計。表 6.1 整理歸納這三種目標之間比較明顯的差異，也列出相對應的教學行為（讀者若想了解在「重理解的課程設計」情境下如何進行課程革新，請參見 Wiggins & McTighe, 2007）。

關於如何建立一種豐富又有成效的探究文化，我們的格言是：知行合一。如果你想要的是思考和探究，你就必須確定它們在教學活動、作業和測驗評量裡都是必備的成分，而非可有可無的選擇。只是提出和不斷重複核心問題，只是在教室裡到處貼滿問題，只是拉長教師的等待時間——這些作為本身對於推進探究學習目標和文化的幫助都非常有限。更進一步來說，因為我們明智的假定學生都認為學校裡的學習只不過是學得知識內容和考試測驗，因此更關鍵的是要**明定**時間專門來做重要問題的探究，每個人都必須知道什麼時候該思考和分享討論，這樣的思考和討論跟其他種類的課堂思考和討論有什麼不同、有多少差異，每個人都要了解深思熟慮的思考討論是至關重要的目標，並非只是好玩的離題閒聊。

Mortimer Adler 是《派代亞博雅教育計畫》（*Paideia Proposal*, 1982）的作者，同時也是蘇格拉底式提問的大力倡導者，強烈建議必須特別設定某些課堂時間或幾個整天——如「星期三革命」——來進行非講述灌輸式的教學，讓學生能夠清楚明瞭在這些特定時段，學習的目標和手段都必須改變，從獲得知識改變成協同探究和分享討論。想一想，科學實驗、藝術課程和大學的研究討論會，都在做類似的事情，這種對目標、時間和行為的掌控，是核心問題成功的關鍵，不然的話，老師和學生都會把核心問題純粹當作學習教材內容的修辭點綴性工具，而錯失了它建構意義的真正力量。

表 6.1　三種學習目標及相應的教學角色和策略

學習目標	教學角色和策略
獲得知識 這個目標想要幫助學生**獲得**事實性的知識和基本技能	**直接教學** 在這個角色，教師的主要責任是透過明示教學告知學生目標知識和技能，有需要時做差異化處理。 策略包含： • 診斷式評量 • 演講 • 前導組織 • 圖表整理 • 提問（聚斂性） • 示範／演示 • 過程指引 • 引導式練習 • 回饋、訂正
建構意義 這個目標想要幫助學生從重要想法和過程中**建構意義（也就是，達成理解）**	**協助催化式教學** 在這個角色，教師讓學生主動處理訊息，並引導學生探究複雜的問題、文本、方案／計畫、案例或模擬模式，有需要時做差異化處理。 策略包含： • 類推類比 • 圖表整理 • 提問（擴散性）和追問 • 概念獲得 • 探究取向的方法 • 問題導向學習（PBL） • 蘇格拉底式問題研討會 • 交互教學法 • 形成性（持續）評量 • 重新思考和反思的提示

表 6.1	三種學習目標及相應的教學角色和策略（續）	

遷移應用	教練式教學
這個目標想要支持、培養學生在新情境中自主且有效的**遷移應用**所學的能力	在這個角色，教師建立明確的表現目標，監督學生在越來越複雜的情況下持續的表現（獨立的練習），提供楷模示範，並給予持續的回饋（盡可能個別化）。有需要的時候，他們也會提供「即時教學」（直接教學）。 策略包含： • 持續的評量，提供特定表現情境中的學習回饋 • 會談討論 • 自我評量和反思的提示

　　如何把學習目標說得清楚明白，如何讓學生清楚知道什麼時候要從獲得內容知識改變為建構意義，以利探究文化的形成，下列提供幾個小訣竅：

• 把核心問題貼在教室裡顯眼的地方，並且經常的提到這些問題（而非只在一個單元的開頭提及）。清楚向學生說明，在學習這個主題或技能領域的過程中，探索這些問題是最重要的核心。

• 在課程大綱中寫出你整個學年的學習目標，清楚說明有不同類型的目標，各有其相對必須有的不同類型的行為。

• 使用重理解的課程設計模組（2.0 版）來規劃學習單元，把目標分成三類：遷移應用、建構意義、獲得知識。根據這三類目標來替你的課堂編碼，標示出每堂課或每個活動所對應的目標（我們於 2011 年出版的《設計優質的課程單元——重理解的設計法指南》，中文版由心理出版社出版，當中的模組 B 和 E，可以提供你更多參考）。

- 除了張貼核心問題之外，在牆上貼出一張大海報，強調班上不同類型的學習目標（如：「學得內容知識」、「探究核心問題」、「應用所學面對挑戰和問題」、「批判性思考」），當你從某種類型的目標改變到另一種目標時，在口頭和視覺上提醒學生。等到你透過示範和教學，讓學生清楚了解不同類型的目標之後，再要求學生彼此提醒這些不同的目標需要怎樣的行為改變。

- 選擇或發展如何評估「回應問題的答案」及「學生提出的問題」的品質標準。你不一定要對學生發表的想法評分，但要確定個別學生和整個班級都了解：主動參與討論，以及尊重他人但具思考批判力的回應，是眾所期望的行為。應用這些標準，針對學生回應核心問題的優點和缺點提供回饋，相同的標準也可以用在同儕回饋和學生的自我評量。

元素二：問題、教師和學生的角色

當大家已經建立了「探究是一個很重要且不同的目標，不同於知識內容的獲得」這樣的概念後，我們就需要進一步釐清教學中所有參與者的角色。從文化的觀點來說，當我們使用核心問題時，會發生三種有趣的角色變化：(1) 問題必須變得比答案更重要；(2) 老師必須變成一位協助催化者和共同探究者；(3) 學生必須變成他們自己的老師，逐漸負起自己學習進展的責任。因為這些角色可能很陌生或令人困惑，因此需要清楚明確的資源和教學才能到位。

◎ 問題的角色

整個核心問題的概念，就是要指出：重要的是問題，而不是答案。這也就是為什麼「重理解的課程設計」的第一階段放的是核心**問題**，而非核

心**答案**——我們想要的結果是深入且持續的提問，而不是一個特定的解答。

　　大約五十年前，Jerome Bruner（1965）很有啟發性的闡明了問題在以深度理解為設計目標的教育中所扮演的角色：一個組織整理型的問題「會有兩種功能，第一種功能很明顯：把重要觀點放進特定細節裡。第二種功能比較不明顯，而且會產生令人驚訝的效果，這些問題通常會成為決定（學生）往哪裡走以及他們懂多少的判斷標準」（p. 1012）。我們非常同意！問題可以當作試金石；問題成為重要的議程；而且，真的，設計良好的問題**就是**目標——所以，我們必須越來越能掌握提問，並不斷回歸到核心問題來。

　　或許，要把這種變化說清楚的最佳方式，是指出**核心**問題相對於**事實性**問題（factual questions）的一個關鍵特徵：針對核心問題所提出的任何回答，總是嘗試性、暫時性的，而且這些回應本身常常是需要再受到質疑的。因此，當我們的目標是探究時，答案的角色會有非常根本的不同。如果有人提出了一個恰當的探究問題，基本上，不管答案聽起來有多讓人印象深刻，都可能不會有足夠的終結力來停止探索和討論。所以呢，對於各種答案的理想回應方式，應該是**再邀請更多的答案和更進一步的質疑**提問。我們質疑某個答案，首先是為了確定我們是真的了解這個答案，然後是為了更了解為什麼這個人提出這個答案，以及（尤其是）為了追索支持這個答案的證據和推理思考歷程。

　　所以，本質上，核心問題會引出**更多、更進一步**的問題。從真實的意義來說，**問題就是老師**，就好像在團隊運動中，**比賽就是老師**（你可以把這兩句話貼在布告欄的核心問題旁邊）。除非等到核心問題被師生視為「老師」的時候，否則探究的文化就不算形成。換句話說，在一個以探究為主的環境，答案是等著被驗證的假設，而不是一個不需多做說明的事實。那也就是為什麼——不管是在蘇格拉底式問題研討會、科學實驗室或

音樂工作室——唯一真正能夠評斷答案如何的人並不是老師，而是以多元方式探究一個問題所產生的效應。

◎ 教師的角色

因此，我們做為教室裡的成人所應扮演的角色，會從「提供答案者」變成「探究的協助催化者」，我們主要做兩件事情：(1) 示範和強化豐富深入的對話討論；(2) 變成仔細的聆聽者。所謂的協助催化者角色，有四個挑戰：試著盡量不給答案；試著盡量不評斷答案；盡可能要求自己成為有用但不產生干擾的「交通警察」；注意學生目前對話內容裡的新角度、矛盾、不一致或有落差的地方，進一步提出問題。

傳統上，在對話討論中評斷學生的答案，一直是教師的角色，但是在探究文化裡，這通常是個錯誤。如果我們最終的目標是學生的自主性，那麼在教學過程中，你就必須要逐漸釋放出教師的責任。學生變得越來越願意而且越來越有能力評斷每個人的想法對於探究的貢獻，這必須是一個清楚的目標，學生要在你的支持協助下達成。雖然剛開始的時候，你一定要示範和獎勵這樣的判斷和批評，但它一定要變成學生的責任。因此，有進步的一個關鍵指標是，在每個學生發表想法之後，學生們不會再下意識的看著你，等你給評價，彷彿評斷答案（或推進探究）只是**你一個人**的角色。

換言之，只有當你故意、明顯的**避免**自己一直教和下判斷的時候，探究才會深化。你的角色是催化出更多的問題，以及協助學生看到更進一步探究的需要——就像蘇格拉底所做的一樣（那也就是為什麼我們稱它為蘇格拉底式的提問或蘇格拉底式問題研討會）。[1] 等到你提出一個問題而且

----

[1] 在柏拉圖的對話錄中，蘇格拉底的確會提出意見想法，有時候甚至是很強烈的聲明。但這些意見想法通常是回應其他人提出的、帶有邏輯謬誤的想法，最終目的是要引導這些人重新回頭檢視有問題的邏輯，這是蘇格拉底的提問和討論的特色。最好的例子是《曼諾篇》（*Meno*）當中一段有關教育的著名對話，有興趣進一步了解蘇格拉底如何與人對話的人可以參考。

有信心學生會自由參與討論時，你的主要目標就是**仔細的聆聽**，好讓你能夠針對學生的想法提出澄清和追問的問題，或是適時提出你觀察和聽到的，來提醒每個人相關的事實證據或先前學生的發言評論。從我們眾多的私人經驗可以向你保證，當你注意到學生的發言，並且能用更好的方式來重述他們的評論時，你將會贏得學生最崇高的敬意。

在第五章我們已經討論過運用核心問題時，眾多可能的教師行為——做為協助催化者應該做和不應該做的行為。現在我們再提供一些行為的例子，用以凸顯教師的重要角色：敏銳仔細的聆聽者和深入探究學生回應的追問者。

- 艾拉，你怎麼會這樣想呢？你可以告訴我們，文章（或問題或資料）裡的哪一部分讓你產生這樣的想法？
- 吉姆的答案，跟十五分鐘前你們都贊同喬伊說的那個 ＿＿＿＿＿，你們覺得是 一樣的嗎？
- 看待這件事情，還有沒有其他的方式？雷蒙剛剛舉出了一個很有說服力的例子，但蘿莎不是也提出了另一種看待問題的有趣方式嗎？
- 其他人都同意嗎？莎里，你在搖頭說不，你的想法是什麼？
- 這些答案之間有多少相似？有什麼不同？
- 有誰能夠解釋一下你認為普莉希拉想說的是什麼？（這可能適用在普莉希拉沒說清楚她的想法，而教師認為她的想法有潛力卻可能會被忽略的狀況下。）
- 現在我被搞迷糊了。昨天，依恩你說原因是 ＿＿＿＿＿＿，而且，譚雅你也同意了。你們兩個改變想法了，是嗎？

很少有老師能在短時間內就能輕鬆適應「多聽少說」的行為方式（這也就是為什麼清楚說明一套新的教學程序規範，會有助於讓每個人——包

括我們自己——得到自由解放空間，在新規則下玩新遊戲）。的確，阻礙教室文化改變的最大障礙之一，是我們自己對於扮演這個新角色卻讓一切事物失控的恐懼，如同我們在第五章討論的一樣。

◎ 學生的角色

一旦我們了解問題的角色和教師的角色，學生的主要角色就會更清楚凸顯出來。現在，目標清楚了，「空間」預備好了，學生必須了解和練習他們的關鍵角色：說出想法，逐漸掌控教室裡的對話。

同時，也有一些誤解需要澄清和克服。討論不是為了得分；真正的探究不是一場辯論；對自己答案的虛妄自信並非美德；如果你太多的發言關閉了別人參與的可能性，我們會皺眉表示抗議。所有這些都必須變成正式的規定準則，讓學生在此規範下，化身為運動員的角色：探究是一個**團隊**的比賽，在其中，我們要協同合作，所有參與者都要有所貢獻，也要協助他人做到最好，這樣我們才能卓越超群。而且，最好的探究和討論來自於眾人真實誠懇的回應，不要因為想要分數或受到同儕壓力就精心算計或盛氣凌人的回答，也不要想炫耀作秀或主導一切。

你可以參考以下這些小訣竅，具體清楚的說明學生角色，協助探究文化的形成：

- 討論中，觀察學生的眼神。每當有學生發言之後，他們是否全都下意識的轉頭看著你？試試這些做法：低頭做筆記，提醒學生他們該扮演的角色，或鼓勵學生連續交互提問回應至少八次，然後你才加入討論。
- 說明程序和規準（參見下一段落）裡的新角色和新規則，練習這些角色。
- 評量學生持續深究追問和提出有見地的問題的能力。

- 如果你使用的是帶有提示的寫作考試方式，請在寫作提示裡，引用學生在先前討論當中的發言內容。

- 不論你是否為學生的答案打分數，都請確認你會評量學生在探究核心問題過程中的進步情形（例如透過前測和後測）。

元素三：明確的程序和行為規範

在釐清了目標和角色的重要性之後，接下來當然是要運用清楚的程序——正式的行為規範——來改變教室文化，協助它朝向探究發展。在形塑學校和教室文化時，學生不只扮演關鍵的角色，而且他們的次文化也可能影響日常規範和學習氣氛的建立，進而打敗成人的信念和目標。舉例來說，學生有一種常見的行為模式是表現出無聊厭煩的樣子，或故意表現負面的行為（如翻白眼，或是辱罵發言的學生，說他不過是想拿分數而已），唯有要求學生好好注意行為規範，並時刻予以增強，才能對抗這種影響力。

事實上，某些教學方法，像是問—答—關係法（QAR）、蘇格拉底式問題研討法、文學圈、科學實驗室、問題導向學習法、方案學習法，還有各類運動比賽的規則也一樣，它們的重點都是特意的以相關的程序、語言和工具來表示：採用一系列清楚明確的流程步驟，並讓參與者熟練這些流程步驟，是達成目標結果的最佳方式。

使用提問程序的力量，並非只限於學術機構。實際上，成功的企業公司也會使用這樣的程序來發展提問的文化，就如同 Google 總裁艾立克‧史密特（Eric Schmidt）所說的：

我們經營公司，靠的是問題，而不是答案。所以到目前為止，在訂定策略的過程中，我們已經形成了三十個我們必須解答的問題。舉個例子來說：我們有很多現金，應該怎麼樣運用？……我們如何讓那

個產品產出比較優質的內容，而不只是一大堆內容？這是很有趣的問題……在搜尋引擎的功能上，下一個重大突破是什麼？還有競爭力的問題：傳聞微軟即將推出各種產品，我們要如何因應？你把這些當作問題提出來，而不是給一個簡單的答案，那就會激發對話，在對話之中，就會出現創新。創新，並不是我哪一天早晨醒來突然說：「我要創新。」我認為，如果你能把它當作問題提出來，你就會得到比較優質的創新文化。（Caplan, 2006）

請回想 Grant 把團體探究視為一種團隊運動，他找出老師和學生要做的具體行為和角色，練習，並且改進。比方說，老師要預先發展核心問題，然後在發給學生的講義和海報上提出問題，學生則被告知他們的工作是要學會這些行為：「這些問題和行為不是**我**單方面做的，它們也必須盡快變成**你們的**行為，唯有這樣，討論的品質才會出來。接下來幾個星期，我會要求你們扮演和練習這些角色。在這個學年結束之前，我期望你們能夠熟練自然的運用它們。」之後幾年，老師也會邀請學生一起來討論、發展優質討論的規則，並以實際行動來支持這些規則。有一年，這些學生真的提議並實施像曲棍球比賽的「罰坐席」規則，如果你做了某種「犯規行為」，那麼經由大家的同意（或全班認為足以擔當「好裁判」的同學的裁決），你可能被罰沉默兩分鐘不准說話。

這些程序是必要的，因為我們都難免會內疚：怎麼自己有時候會退回到老習慣？比如說太多話、嘲諷學生，或聽到我們喜歡的答案就把探究對話結束。我們需要像這樣正式的行為規範，來提醒我們更審慎、更有自覺的避免一些自然出現但沒有幫助的行為和語言。

你可以參考以下這些小訣竅，發展適當的程序和行為規範，協助探究文化的形成：

• 跟學生一起發展、草擬課堂上討論核心問題的行為規範。

- 教學生了解你身為協助者所做的行為，以及你希望他們做到的行為。要求他們每天嘗試做到其中的一、兩項行為，就像我們在訓練運動選手的方式：一開始先反覆訓練與練習這些行為，然後再應用到真正的實作表現上。

- 要求學生扮演他們覺得最自在、願意扮演的角色，或他們感興趣的角色。安排特定的時段，讓學生嘗試在討論中扮演這些角色。每一次都請他們做自我評估。每隔一段時間就跟全班學生回顧、檢討小組和個人的進步狀況，是否能夠適當扮演成功的探究所需的角色。

元素四：安全和支持的環境

如果參與者不覺得安全，沒感覺自己是團隊的一分子，或不覺得他們的發言貢獻受到重視；如果老師和同學的評語總是讓人覺得不安全，因此而讓學生害怕自己看起來很愚笨；如果老師的評分制度只獎勵學生回答出事實知識，那麼，老師說了什麼有關探究的事，或者有什麼正式的行為規範，都沒有任何作用。面對一種缺乏支持鼓勵的教室氣圍，學生就是不可能有太多公開的冒險，這會反映在學生小小聲的提問、只提出安全的問題、裝腔作勢和對自己的發言過度虛妄自信，以及明顯沒有意願針對老師、內容或同學提出疑問。

如何讓學生明瞭何謂適合探究的學習氣氛？主要的方法來自於特意的示範，示範如何誠實的表現出自己也不確定答案。我們必須克服——也要幫助學生克服——我們自身內在的害怕恐懼，怕表達出自己不確定答案的時候，看起來或聽起來有多愚蠢。那種恐懼深植在老師和學生的心裡，以至於就算我們邀請大家自由的探究和討論核心問題，一開始也很少會有人熱情回應。過去幾十年來，我們兩個人真的常常觀察到，很多**最好的學**

生，甚至是大人，在發表想法之前都會用這句話開場：「我知道這聽起來有點愚蠢，但是……」

因此，我們一定要好好討論這個懷疑、不確定和害怕自己的發言聽來愚蠢的問題。當老師和學生開始清楚的注意到：儘管發言者會害怕，但是那些「笨蛋」發言到最後常常會變成有見地的想法，或者能夠激發有價值的想法，這時候整個學習氣氛就會有非常明顯的正向改變。

因此，我們一定也要撥出一些時間，也許是利用課堂討論，或利用學生問卷調查，專門來跟學生討論目前的學習氣氛，以及可以做些什麼來改善。表 6.2 是 Grant 每個星期會使用的簡單問卷。

我們在第四章提過，老師可以藉由很多種行為來促進探究和討論，另一方面也列出了一系列不適當的教師行為，長久以來已經證明會阻礙思考、分享、探討答案和想法。但是從文化觀點來看，還有其他的環境因素也會支持（或破壞）老師企圖協助學生自由誠實表達想法的行為。

試試下列這些方法，發展出安全和支持個人發表貢獻的環境，協助探究文化的形成：

- 回顧第四章提過的方法。

- 連續幾天進行課堂教學錄影或錄音。首先，聽聽你自己如何說話──你的聲音語調，你的等待時間。數一數你問了多少高層次和低層次的問題。聽聽你對於學生發言的回應方式，在這種方式當中，什麼會幫助或妨礙學生感覺自在的程度？再來，聆聽和觀察學生。哪些關鍵的行為會引導或阻礙學生提出有想法的發言和深入的探究？因此，你提出什麼回饋和程序，來幫助整個班級建立安全支持的環境，往前邁進？

- 指定一個或更多「過程觀察者」，運用現有的觀察規準或檢核表來記錄，然後在討論之後提出回饋意見。

| 表 6.2 | 課堂學習氣氛問卷 |

1. 今天的討論，你覺得如何？

	1	2	3	4	

2. 這些議題的處理，你覺得如何？

| 深入 | 1 | 2 | 3 | 4 | 表面 |

3. 班上的討論有多開放、誠實？

| 開放自由、誠實的對話 | 1 | 2 | 3 | 4 | 小心謹慎、虛假的對話 |

4. 你覺得有多安全、自在？

| 安全 | 1 | 2 | 3 | 4 | 害怕說出我心裡想的 |

5. 討論帶領人的表現如何？

| 很好的聆聽者 | 1 | 2 | 3 | 4 | 很糟的聆聽者／說太多 |
| 有技巧的控制 | 1 | 2 | 3 | 4 | 無法控制 |

6. 這次討論最精采的部分是什麼？

_____

7. 這次討論最糟糕的部分是什麼？

_____

8. 評論和想法：

_____

_____

元素五：空間和物質資源的運用

如果能夠妥善布置學習空間，就能支持並且讓自由流動、拓展廣度和深度的討論更容易發生。每個老師都知道，相較於學生排排坐、只能看到別人的後腦勺、只能面對老師，把學生座位排成圓形或長方形，會更有利於優質對話的產生。就像 Adler（1983）說的，成功對話的前提是「房間裡的家具」，它們應該是「和演講廳完全相反的擺設」（p. 173）。而《派代亞教室》的作者們也寫道：「研討會之所以安排圓形座位的理由，是要讓所有學生都容易面對同學說話」，而且老師應該也要坐在圓圈之中，這樣她「才不會象徵性的扮演權威人物的角色」（Roberts & Billings, 1999, pp. 53, 56）。

大多數現代的公司，尤其是位於矽谷的公司，總是一直在實驗各式各樣空間和家具的布置擺設，好讓對話及創新的可能性極大化。以下這個生動的故事，說的是在建造皮克斯新總部之時，史帝夫‧賈伯斯（Steve Jobs）所提出的要求：

> 他希望皮克斯大樓的設計，能夠促成許多意外的相遇與協同合作。「如果一棟建築物不能產生那種作用，你就會失去很多因為意外發現而激發的創新和神奇魔力，」他說：「所以，我們那棟大樓的設計是要讓人們走出他們的辦公室，在中央的中庭與他們平常可能不會見到的人相遇、對話聊天。」前門和主樓梯和通道全都通往中庭；咖啡廳和郵件信箱也在中庭；各個會議室都有窗戶可以看見中庭；六百人座位的劇場和兩間較小螢幕的房間也都會讓散場的人潮湧入中庭。「史帝夫的理論從第一天就開始產生作用，」拉薩特（Lasseter）回憶道：「我不斷的遇到好幾個月沒見過面的人，我從來沒見過哪一棟建築物可以像這棟大樓，如此這般促成和激發協同合作與創意創新。」（Isaacson, 2012, p. 100）

無可否認，我們大多數人並沒有機會設計我們的學校，但大部分老師對於自己教室的空間還是有相當的控制權，特別是這個年代教室裡大都是可移動和可自由組合的家具。我們鼓勵你去分析可以如何改變教室裡的布置與安排，好讓探究、討論和協同合作成為你教室裡的重要經驗（關於教育空間的設計，網路上有一份很豐富的報告，請見 http://jan.ucc.nau.edu/lrm22/learning_spaces/；還有一篇從建築學的觀點談工作空間設計的有趣文章，請連結 http://www.archdaily.com/215703/caring-for-your-office-introvert/）。

試試這些小訣竅，發展一個支持性的空間，並運用家具設施，協助探究文化的形成：

- 當這堂課的目標是協同探究時，移動學生的桌椅，排成圓形或長方形。
- 如果你的班級非常大，可能需要有一個內圈加一個外圈，將學生分成兩半，一半討論一半記錄，輪流進行，同時也準備好討論之後要評論彼此的對話內容和討論過程。還有另外一種做法，你可以安排學習小站的小組討論。

元素六：課堂內和課堂外的時間運用

在本書中，我們不斷建議讀者要明確指定一些時段，專門做深入核心問題的協同探究，向學生明白表示這些課堂的學習目標和手段會有所改變。至於這些時段的時間比例，雖然我們提議的百分比可能有點武斷，但我們認為合理的範圍應該是在你學科節數時間的 20%到 50%中間，讓學生專門做深入協同探究。在我們這個領域最大的謬誤——我們稱之為教育的「自我中心謬誤」——就是「如果我教過了，也強調過了，那麼他們就

一定（或早就應該）學會了」。其必然的結果是「花太多時間在討論和反思上，搶走了我趕完全部進度所需要的寶貴時間」。就我們目前從科學研究知道的——也是每位好老師從直覺知道的——思考處理複雜的概念想法是需要時間的，如果我們真的關心學生的理解，那我們必定要撥出時間來讓學生做意義的理解與建構，以持續形成性的評量來釐清學生的困惑和誤解，讓學生逐漸發展出後設認知的洞察力，能夠看出如何進行更好的探究、討論和學習。舉例來說，哈佛大學物理學教授 Eric Mazur 整理了自己過去十多年來的研究，結果顯示：透過**比較少的**正式教學和**比較多的**同儕互動及建構式學習經驗，學生能夠獲得更好的理解和科技知識（同時以傳統考試題目和物理迷思概念測驗來測試）（Mazur, 1997）。由於他是在一個大演講廳裡進行大班教學，因此他的有效教學成果特別值得注意，同時他也是高等教育裡應用學生即時回饋系統（答題遙控器）的先驅，他用這個系統讓所有學生能夠主動積極的參與課堂，並且定期的檢核監控學生的理解情形（你可以在 YouTube 上找到 Mazur 實際教學應用的影片，或請見 https://www.youtube.com/watch?v=wont2v_LZ1E）。

不只是課堂**內**的時間需要考慮，我們要求學生在課堂外做的事，對於達成探究相關目標來說，也同樣重要。如果學生沒讀完一篇文章，沒做過一項實驗，沒上網做資料搜尋，或沒在學習小組裡探討和分享想法，那就不可能對一篇文章、一個議題或一系列資料產生實質的討論。

不管人們對於可汗學院（www.khanacademy.org）的影片品質有何觀感，但很明顯的，「翻轉」教室的概念必然會持續發展下去——感謝上天，這樣的發展是好事。在充滿資訊的世界裡，家教式、電腦虛擬的線上回饋，在教室**外**比比皆是，每個人都能夠輕鬆取得，因此，我們和學生一起在課堂上的珍貴時間，現在可以專門用來做最好的運用：分享想法、把知識應用在有價值的任務上、獲得和運用別人的回饋意見，以及反思持續出現的問題（參見 Bergmann & Sams, 2012; Miller, 2012）。

核心問題 | 開啟學生理解之門

請參考這些小訣竅，以最有效的方法來運用時間，協助探究文化的形成：

- 跟你的同事一起思考討論這個問題：想要達成學習目標，哪些方法可以最有效的運用課堂內和課堂外的寶貴時間？
- 設定探究討論的正式時間，在此時段中，學生的重要任務就是依循之前建立的程序和行為規範來探究討論問題，偶爾也挪出一些時間來學習和練習與目標有關的新角色。
- 設定時間定期檢討回報探究和討論的進步情形——**什麼有用？什麼無用？最精采的是什麼？哪些需要改進？**——就像教練會和運動選手及藝術表演者所做的事。

元素七：文本和其他學習資源的運用

在這本書（以及所有我們寫的有關著重理解的教學的文章）裡，我們一直在告誡讀者：要將教科書視為一種資源，而不是整個課程。因為，就像我們在討論元素一的時候提到的，當課程就是教科書，老師們只是帶領學生走過教科書內容時，所傳達出來的訊息是非常清楚而且無法改變的，它直接告訴學生：學校的重點就是學習這些發給你的東西。在教科書主導一切的教室裡，因為有那麼多的教材進度要趕完，深度的探究會因此而被學生認為是離題、沒什麼相關、**缺乏效率**、浪費時間的事情。所以，老師必須積極主動的去檢視教科書內容對於更進一步的探究可以做到什麼、不能做到什麼。在大多數情況下，我們會需要提供額外的資源，來彌補教科書的不足——比如，一份課程大綱、其他的文本和媒體資源、明文規定的程序、個人和小組的研究計畫，還有（尤其需要）以探究為核心重點的評量做法和規準。

以下簡要舉一個如何彌補美國歷史教科書不足的例子。假設你想要學生思考這個核心問題：**這是誰的歷史？在歷史當中，什麼是客觀？什麼是偏見？**唉呀！遺憾的是，大部分的教科書都企圖掩蓋這個議題，而且很諷刺的把自己變成權威的詮釋者——教科書經常使用的伎倆是，在主張某種特定觀點的見解時，故意說得模糊不清，而不是純粹呈現各類事實〔如果想更深入了解這個批判性的議題，請參考 James Loewen（1996）寫的《老師的謊言：美國高中課本不教的歷史》，中文版由紅桌文化出版〕。

再來閱讀一小段有關美國革命的文章，可以做為目前教科書的補充資料，也能讓學生更深入探討這些核心問題：

那麼，美國革命的起因是什麼？過去總是認為美國革命是因為七年戰爭之後，英國政府的專制統治引起的，但這個觀點現在已經不為人所接受了。歷史學家現在了解到，英國的殖民統治其實是世界上最自由的統治方式……

在 1763 年之後，法國的威脅已經消除，殖民地各州覺得他們不再需要英國的幫助，但這不代表他們希望獨立。即使在《印花稅法案》之後，大多數殖民地居民還是效忠英國的，他們對大英帝國及其自由感到驕傲……在《印花稅法案》實施之後幾年，有一小群激進分子開始為獨立而努力，他們尋找每一個可以引發麻煩的機會……這些激進分子很快就抓到在波士頓製造危機的機會，就是這群激進分子籌組波士頓茶葉黨……在十三個殖民地區，美國革命實際上是一種內戰，所有居民因為該對誰忠誠的衝突對立而分裂。後來約翰·亞當斯（John Adams）說，到了 1776 年，可能剩下不到三分之一的人還想打仗。（U.S. Department of Health, Education, and Welfare, 1976, p. 17）

是的，你的懷疑很正確，這不是來自典型的美國教科書，但它**的確是**來自一本高中歷史教科書——加拿大的！現在，只要為主要教科書找一些

補充資料，這些核心問題——**歷史是什麼？這是誰的故事？你可以相信哪**
些資料來源？——突然都活過來了（請留意，這個例子也具體說明了我們
在第四章介紹的想法：針對核心問題，提供不同的觀點，讓學生接觸和思
考）。

我們強烈建議老師們好好運用以下這一系列的核心問題，去仔細檢視
每一本教科書，看看它是否（以及哪裡）有足夠支持探究文化所需要的資
料：

- 哪些章節是應該強調的重點？哪些瀏覽過即可？哪些可以整個跳
  過？
- 這一章當中，哪些段落是應該強調的重點？哪些瀏覽過即可？哪
  些可以整個跳過？
- 這一章當中，哪些部分需要補充多元資料，來強調另類不同的觀
  點看法、當代議題或「混亂的」問題？
- 在這段圓滑善辯的總結文字底下，潛藏著什麼重要的問題？
- 想要探討這個核心問題，這一章當中，欠缺哪些相關的資料訊
  息？
- 當教科書的考試題目只重視學生要精熟的內容時，我們必須設計
  什麼樣的評量方式來檢核學生對於核心問題的理解？

元素八：評量的做法

最後但也同等重要的，教育文化裡有一個很關鍵的面向，是與評量有
關。這些老生常談裡蘊藏了許多智慧：「我們評量我們重視的東西」；
「考什麼，做什麼」；「如果它算分，就表示它重要。」學生當然也會很
快就抓到學校在這方面的遊戲規則，從他們不斷詢問這些問題就可以知

道：「這個會考嗎？」「這個要算分嗎？」「這一題算幾分？」如果我們考它而且給分，它就是重要的；如果我們不評量它，它就是不會受到重視（不管我們**說了**多少次我們很重視它）。

幾乎沒有哪一本教科書或哪個學區測驗會清楚、毫不含糊的傳達「深入探究核心問題真的很重要」這樣的訊息，所以，如果我們希望能夠改變學生有關思考和探究的信念、態度與行為的話，就需要我們自己來發展評量方式，以具體的做法來落實核心問題所要達成的目標。

簡要言之，我們必須評量學生運用證據和推論來提出問題、追問探討和回應高層次問題的能力，而這些也正是新的美國共同核心課程標準英語／語文藝術領域優先列出來的能力（在我們其他重理解的課程設計的著作中，會更完整的討論評量方式，請參見 Wiggins & McTighe, 2005, 2011, & 2012）。

一個很自然的運用核心問題進行評量的方式是：在不同的時間點，多次提出核心問題，做為正式的提示；也就是拿核心問題當作前測、持續的形成性評量，以及總結性評量的一部分。因為我們的目標是讓學生的提問和回應變得越來越好，所以這個簡單的技巧能夠非常明白的告訴學生我們想要什麼，而後，透過評量規準和作品範例來向學生清楚說明，你希望他們如何逐漸發展與進步。

為了強調討論和仔細聆聽的重要性，Grant 在教學中會運用一種頗為高明的技巧：運用學生課堂討論的發言，偶爾來個「發言配對連連看」的小測驗，要求學生把討論議題的相關發言，連結到是哪個學生說的。Grant 的女兒 Alexis 用了另一種相關的策略，她發展了一套編碼系統（見表 6.3），即時監督和評量學生的討論情況（你可以在網路上觀看她的學生如何在完全不需要老師介入的情況下，深入討論《羅密歐與茱麗葉》的實況：www.authenticeducation.org/alexis）。以下是 Alexis 在紐約當老師時使用的說明文件：

由於這是團體努力的工作，所以會有一個團體分數。全班學生都會得到相同的分數。如果你們班想要得到 A，你們需要做到的是：

真正投入心力、分析思辨的討論，在當中——

1. **每個人**都要參與，有意義、有實質貢獻的參與，而且是公平的參與。

2. 適當的步調，有時間澄清問題和深思熟慮——但不至於讓人覺得乏味無聊。

3. 有平衡感和秩序感；一次聚焦在一個發言者和一個想法；討論熱烈，但不會太「亢奮」或太表面。

4. 討論會不斷發展擴大；大家會努力嘗試解決問題和議題，然後再轉換到下一個問題和議題。

5. 每個人的想法意見都不會被忽視；大聲或冗長的發言不會主控全場；害羞或小聲的發言會受到鼓勵。

6. 學生會仔細聆聽並尊重彼此的發言。當有人在發言的時候，其他人不會講話、做白日夢、玩紙、做鬼臉、使用手機或筆記型電腦等等（這些行為都顯示對人的不尊重，會破壞全班討論），同樣的，也不應該出現嘲笑諷刺和油嘴滑舌的評論。

7. 每個人的發言都應該被清楚了解。如果有人沒聽見或不了解意思，就應該請發言者再說一次。

8. 學生願意冒險，並深入挖掘，以得到深層的意義、新的洞見。

9. 學生會以舉例或引證等方式來支持自己的發言內容。學生會要求他人用證據（如果有的話）來支持他們發表的意見。在大家的發言裡會經常提到閱讀的文本資料。

如果全班表現得非常好，全部做到，就會拿到 A（很罕見）。如果全班做到上述所列的大部分，就會拿到 B（很不錯的討論）。如果

全班做到一半或比一半多一點點，就會拿到 C。如果全班做不到上述的一半，就會拿到 D。如果討論真的一團糟或完全沒用，上述所列的一件也沒做到或根本沒努力嘗試去做的話，全班就會拿到 F。你如果沒有準備好，或不願意配合，就會拖累整個團體。當你在閱讀、做筆記和準備課堂討論時，請將這個原則謹記在心。

表 6.3　團體討論記錄編碼工具範例（中學階段）

★	=	有見地、有洞察力的評論（Insightful comment）
A	=	突兀的轉向，切斷了對話的流動（Abrupt shift）
C^D	=	連結之前的課堂討論（Connection to previous class discussion）
C^L	=	連結生活經驗（Connection to life）
C^{OT}	=	連結外面其他的文本（Connection to outside text）
C^T	=	連結目前的文本（不是現在讀的段落）（Connection to current text）
C^W	=	連結黑板上的內容（Connection to what's on board）
D	=	不專心，講話，分心（Distracted, talking, off task）
E	=	解釋說明（Explanation）
EQ	=	提及課程／單元核心問題（Reference to course/unit essential question）
F	=	表面或迅速草率的觀察（Surface or summary observation）
G	=	油嘴滑舌、沒頭沒腦或嘲諷的評論（Glib, silly, or sarcastic comment）
H	=	難以聽清楚（Hard to hear）
H^C	=	被要求說話大聲一點（Asked to speak up）
I	=	插嘴，中斷（Interruption）
IG	=	不合邏輯的說法或預測（Illogical statement or prediction）
IG^Q	=	不合邏輯的問題（Illogical question）
L	=	未受重視的評論／想法（Lost comment）
O	=	安排組織、領導或要求守秩序（Organizing, leading, or calling for order）
O^{SP}	=	為難某個人，讓他陷入窘境（Puts someone on spot）
P	=	預測（Prediction）
Q	=	提問（Question）
Q^2	=	第二層級的問題（Level 2 question）

表 6.3 團體討論記錄編碼工具範例（中學階段）（續）

Q★	=	有見地、有洞察力的問題（Insightful question）
Q^C	=	澄清式的問題（Clarifying question）
Q^F	=	表面性的問題（Surface question）
R	=	散漫、沒有焦點，一直說一直說卻沒有清楚有力的重點（Rambling, unfocused, going on and on without clear, pithy point）
Rp	=	重複別人說過的重點（前面沒有聽到）（Repeating exact point someone else made（didn't hear it previously））
S	=	提及作者／寫作風格（Reference to author/writing style）
Sp	=	被同學為難（Put on the spot by classmate）
T	=	提及閱讀的文本（Reference to the text）
W	=	在黑板上寫東西（Writes something on board）
X	=	理解錯誤（Error in comprehension）
X^C	=	修正錯誤（Correction of error）
Y	=	綜合整理，看到整體大圖像／格局（Synthesizes, sees big picture）

資料來源：© 2013 Alexis Wiggins，經授權同意使用。

此外，表 6.3 和表 6.4 提供實際可用的工具，你可以直接使用或調整修改，以編碼記錄可觀察的行為來監控班級討論情形，並向學生說明你會評量什麼和如何評量。

請參考下述這些發展評量的小訣竅，以協助探究和討論的形成：

- 利用本章提供的範例和工具，定期提供個人、小組和全班相關的回饋，說明他們的行為是否符合協同探究的目標和標準。
- 經常將班級上課情形錄影下來，再提供學生討論規準或編碼表，讓他們邊看錄影邊檢核評估自己的表現。
- 務必要確認你的評分系統裡，包含了學生學習做為提問者和協同探究參與者的發展與表現。

表 6.4　團體討論記錄編碼工具範例（小學階段）

團體討論	還沒有 ☹	有時候 😐	通常 🙂	大部分 😄	一直都是 ⭐
每個人都參與					
每個人都專注聆聽					
每個人都清楚大聲的説話					
每個人都聚焦、不離題					

你也可以簡化個別學生的編碼方式，搭配教室座位表來做觀察記錄。
下方提供一個傳統教室座位表為例，但並非一定要用這樣的座位表。

圖例：　＊＝發言　I=插嘴、中斷　Q=相關的問題　D=不專心、講話、分心

教室前方講臺

形式隨功能而生

就像本章前面提到的，我們在此把所有的想法總結成這兩句格言：「知行合一」和「說到做到」。我們必須好好塑造教室的環境和例行程序，以確保實際行為和策略規則都能符合有效探究的目標。

在表 6.5 裡，我們總結歸納這八個支持探究提問文化的元素，以及相對的破壞探究提問文化的因素。請將這八個元素視為你可以檢核自己教室或學校文化的評估標準，並運用這八個元素來指引你的行動和向前邁進所需調整的方向。

表 6.5　八個可控制的教室文化元素

文化元素	支持探究提問文化的條件	破壞探究提問文化的條件
1. 學習目標的本質	學生知道有**多種**不同的學習目標，特別會了解到探究開放式問題跟精熟教材內容是完全不同的目標（但同等重要）。	學生認為（老師行為上也予以強化）學習的重點只有精熟教材內容知識。學生認為老師的問題是想要**標準答**案，其他延伸的探究和討論，不管它們多刺激有趣，都算是離題，或者和真正的目標沒有關係。
2. 問題、教師和學生的角色	清楚的定義出老師和學生的角色，以利協同探究核心問題的進行。老師期望學生能主動參與、積極思考和建構意義。核心問題的功用是檢驗不同答案的試金石，而答案是要被質疑追問的。	老師扮演的是專家的角色，期望學生當願意接收知識的人。問題是用來確認學生是否掌握教材內容，答案不是對就是錯。

表 6.5　八個可控制的教室文化元素（續）

文化元素	支持探究提問文化的條件	破壞探究提問文化的條件
3. 明確的程序和行為規範	關於提出問題和問答討論的適當行為，有明確的程序和行為規範。所有學生都必須參與和發言貢獻，而且所有發言都會受到尊重對待。	關於如何進行探究和討論、如何回應老師的問題或學生的回答，並沒有明確的程序或行為規範。老師總是點名自願舉手的學生來回答問題，因此也就默許學生可以消極被動和完全不參與。
4. 安全和支持的環境	老師建立與示範安全和支持的學習氣氛，鼓勵學生嘗試思考冒險並挑戰想法。老師會堅定但有技巧的處理不適當的行為（比如輕蔑罵人的言語）。	老師未能示範與強化學習氣氛，無法讓學生感到安全、願意嘗試冒險。學生可能會因而覺得自己很笨或沒有能力。
5. 空間和物質資源的運用	在明顯的位置貼出核心問題，或用其他方式讓學生都能看到，並且經常提到核心問題。有意的安排教室的桌椅布置和空間運用，有利於形成自由流動、積極投入和相互尊重的對話討論。	教室裡的桌椅安排，無法讓學生看見彼此。老師和學生都不想找方法重新安排整體結構，好讓團體探究發生，因此暗中破壞了持續討論的形成。
6. 課堂內和課堂外的時間運用	明定一段特定的時間，專門做核心問題的正式討論。課堂外的作業包含核心問題的方案計畫和問題探究。	沒有特別預定時間來做探究和深入討論。老師對課堂時間的運用，主要是透過直接教學或講述教學來呈現教材內容。家庭作業的目的是複習、練習，或只為了獲取知識而閱讀。

表 6.5　八個可控制的教室文化元素（續）

文化元素	支持探究提問文化的條件	破壞探究提問文化的條件
7. 文本和其他學習資源的運用	文本和其他資源素材的選擇，是為了促進探究的發展。老師很清楚的說明：在推動核心問題的探究上，教科書和相關資源都有其限制與不足的地方。	教科書就等於課程大綱，而不是支持探究的資源。老師依照教科書順序來進行教學，看起來似乎趕完教材進度比探究重要。
8. 評量的做法	總結性評量和相關的評量規準都會反映核心問題的重要。開放式的評量任務重視提問探究和批判思考，而傳統的評量方式則是用來評量重要的知識和技能。	總結性評量、相關的評量規準和打分數的重點都放在精熟內容知識和技能。學生很快就看出來「真正重要／會算分的」是記憶和辨識。

Chapter 7

如何在課堂之外運用核心問題？

　　本書的焦點一直放在老師在**他們的**教室裡可以做些什麼，來提升探究和心智學習的品質。不過，較大的組織（學校和學區或大學）文化當然也會影響教職員和學生的行為。因此，做為本書的結束，我們來思考一下：政策制定者、學區和學校行政人員，以及教師領導者可以用什麼方式幫助建立一種組織文化，鼓勵大家對學習、教學、課程、評量和相應的學校政策及結構進行專業探究。

和教職員及同事一起運用核心問題

　　要促成提問型的組織文化，一個直接又務實的方式是經常規律性的與教職員、同事一起運用核心問題。校長、系主任和團隊領導者可以用反覆出現的核心問題來架構重要提案、委員會工作和教職員／團隊會議，自然而然的「說到做到」。事實上，應用在學科領域的思考實驗，同樣也可以應用在學校和學區的事務：如果目標方案或計畫被視為「答案」，那麼問題是什麼？比如，如果學校或學區領導者想要提倡的是**差異化教學**（differentiated instruction）或**課程地圖**（curriculum mapping），那麼，這兩個方案期望解決的問題各是什麼？針對找出來的需求或問題，還有其他或甚至更好的解決方法嗎？

　　在我們漫長的生涯中，見證過無數的案例，看到許多很有價值的學校

和學區改革方案無法生根或持久，主要原因是領導者以為教師會因這些改革的表面價值而欣然接受。的確，無法好好的為改革提出充分的理由證據，通常就註定了新提案的失敗。有多少次我們聽到資深教師輕蔑的說，這個教職員發展主題或新方案不過是「今年的新玩意」，或表現出「這個也一樣很快會過去」的態度？換言之，**除非**教職員和其他組成分子能了解改變的需要，以及改變對他們工作的意義，否則，他們是不可能忠誠的接受和執行改革方案的。

這個原則也適用於我們自己的工作。我們從來不會建議學校領導者只要執行重理解的課程設計（UbD）就好了。相反的，學校人員一定要把UbD 視為這類問題的答案：**學生的學習表現上，有什麼最頑固難治又至關重要的缺點？為什麼我們的學生在高層次思考和遷移應用他們的學習上，會出現這樣的問題？我們的學生學習投入的程度如何？他們是否覺得自己在做有意義的學校作業？經過這樣的分析，我們提出了什麼方案？**只有當身為教職員的我們能真誠面對、好好考慮這些問題，並且找到 UbD 就是答案，UbD 才有可能生根，自然而然的被大家視為解決這些我們察覺到的問題的方案。

因此，核心問題在促成學校改革當中，可以扮演關鍵角色，讓教職員更清楚了解與欣然接納改革方案，並且能忠誠實踐。明智的領導者不會驟然跳進一個實施行動計畫，相反的，他會提出核心問題，讓教職員一起來探討學校是否需要不同的方案和相關解決之道。底下舉例說明一些學校曾經運用核心問題來讓教職員共同探究，因而對學校所需的改革有更深入的了解，也更願意投入和實踐。

學校教育的願景

- 我們（團隊、學校、學區、社區）是否擁有共同的願景？達到什麼程度？

- 我們的政策、優先重點和行動是不是在實現這個願景？達到什麼程度？

- 為了讓學生準備好迎向 21 世紀的生活，我們做的是否適當、足夠？

教與學的信念

- 關於教與學，我們抱持什麼樣的教育信念？這些信念是否受到研究證據、最佳教學做法和自身經驗的支持？

- 我們對學習的假設是什麼？它們如何指引我們的教學實務和評量做法？

- 我們的政策、優先重點和行動是不是反映了這些信念？達到什麼程度？

- 我們對學習的信念是否和我們的教學實務一致？達到什麼程度？

標準

- 大眾如何知道我們是一個「以標準為本」的學校或學區？

- 在運用標準來指引我們的教育工作上（如：課程、評量、教學、專業發展、教師評鑑），我們是不是「說到做到」？達到什麼程度？

課程

- 我們的課程是否真的是從長期目標和優先重點來做逆向設計？

- 從學生的觀點來看，我們的課程是否一致、連貫？達到什麼程度？

- 我們目前的課程是否支持探究、遷移應用和真實實作表現？達到什麼程度？

- 我們應該教完什麼內容？我們應該發掘什麼需求？

- 我們是否需要教科書？為什麼？如果是這樣，我們應該如何使用

教科書？

評量

- 我們目前做得如何？哪些有用？哪些無效？
- 要回答這些問題，需要什麼證據？我們有沒有這些證據？如果沒有，我們可以去哪裡找到其他更可信、更有效、可接受的證據？
- 我們要如何知道學生真的理解？
- 我們是評量我們重視的每個項目，還是只評量最容易測驗和評分的項目？
- 有任何重要的學習項目，因為我們沒有評量而成為漏網之魚嗎？
- 我們的評量可以如何促進學習發展，而非只是評估學習結果？

教學

- 我們的教學有多吸引學生投入學習？可算是有效教學嗎？達到什麼程度？
- 我們的教學是否反映了研究證據和最佳教學做法？達到什麼程度？
- 我們能夠讓學生投入多少熱忱在「做」學科的學問上？
- 我們能否有效的接觸到所有學生，特別是低成就學生？

專業發展

- 我們的專業發展做法是否反映了我們的學習原則？達到什麼程度？
- 我們的教職員到底是如何看待專業發展？
- 我們的專業發展做法有多少程度是結果取向的？
- 我們的專業發展做法是否有適當的差異化處理？

改變歷程

- 我們對教育改變的信念是什麼？我們是否共同擁有這些信念？達到什麼程度？這些信念有多少程度是受到研究證據支持的？
- 各種不同的方案之間，是否相互關聯、統整連貫？還是被視為分立的東西或「額外添加的工作」？
- 我們如何更有效率、「更聰明的工作」？

政策與結構

- 我們的政策、結構和文化，有多少程度反映了我們對學習的信念？
- 我們要如何重新組織結構，以促進學習？
- 我們要如何最有效的運用老師們沒跟學生在一起的時間？
- 我們的政策傳達出什麼訊息？
- 我們目前教師評鑑的方法程序運作得如何？
- 什麼是持續改進的文化？我們有這樣的文化嗎？達到什麼程度？
- 現在有哪些因素支持這個優先方案？又有哪些因素在抗拒改變？
- 我們的教職員和領導者如何接收、看待直言他們需要改善的回饋意見？
- 我們評分和成績報告的溝通傳達方式是否清楚、誠實、公平？達到什麼程度？
- 相關資源（如：時間、金錢、設備、科技）是否達到最大的利用，以促進學生學習？

其他方面

- 你會希望你的小孩來上**我們的**學校嗎？哪些方面會讓你猶豫一下，為什麼？
- 從學生的觀點來看，平常的日子有多無聊？這種無聊當中有多少

是不需要存在的——是因為我們沒做到理想境界而造成的？

• 有哪些未經思考的習慣和例行公事阻礙了良好教育的產生？

我們可以理解，教育領導者可能會憂心這種讓教職員一起來深入思考、（時而混亂的）討論和辯論的歷程，會耗時過久，並且讓存心破壞者有機會好整以暇的組織安排，破壞一切的努力。多少年來，我們聽過太多預期之中的「是的，但是」——「你們說的都很好、很棒，但是我們必須把事情做完」；「你不了解，我們現在是被槍壓著走」；「如果我們讓大家發言，他們就會說個沒完沒了」；「我們得趕在截止日期之前完成」等等。

我們知道，以核心問題來誠實探究討論一個議題，需要的時間遠比下達行動命令要耗更多時間。領導者當然可以簡單的發出指令（而且有時依法行政可能是必需的），但指令很少能夠讓專業人士理解目的並激發投入熱忱，而且有時候它們會帶來反效果。我們把這個挑戰類比為每個老師都要面對的終極挑戰：我們有好多內容進度要趕著教完，所以只要我們在課堂上說話快一點，就能速戰速決！但是最有效能的老師會了解，除非學生投入學習，並且**透過主動的意義建構來達成理解**，否則他們的學習可能就只是表面的、無法持久的。我們相信教職員和委員會的情況也類似。有價值的行動方案需要探究型的會議，來讓教職員自主、深入了解這個方案的**為什麼**（why）以及**怎麼做**（how），核心問題提供了工具媒介，讓這種焦點集中又豐富多元的專業對話得以產生，而這樣的對話是激發教職員全心全意投入實踐行動的必要基礎。

在專業學習社群運用核心問題

越來越多的教育者參與專業學習社群（professional learning communities, PLCs）， PLC 提供清楚的結構，讓探究思考更有可能成為校內成人的生活中心。我們真的認為，PLC 最挑戰心智也最有效運用的方式之一，是針對常見的教學挑戰和學生學習表現缺失的協同探究。在這方面，我們曾經說明 PLC 團體中，老師和行政人員的三種主要角色：(1) 批判諍友，(2) 學生作品分析者，(3) 行動研究者（McTighe, 2008）。以下是這些角色的摘要歸納以及相應的問題。

◎ 批判諍友

　　大部分的老師是以國家、各州或學區頒布的課綱標準為基礎，來規劃每一堂課和教學單元。但是，老師發展出來的教學計畫通常是自己獨立創造，很少經過行政人員（少數例外的是還沒有終身職的新任教師）或同事的檢視，而且有時候老師們太接近、太熟悉他們的工作，所以難以看出有任何的缺點。PLC 團體為這些問題提供一劑解藥，讓教育者有機會共同規劃，在檢視彼此的單元計畫、每一堂課和評量的設計時，互相擔任批判諍友的角色。簡單來說，團隊工作，一起規劃課程和提供有用的回饋意見，可以減少老師的孤立性，同時也增進教學的有效性。

　　可惜的是，同事的回饋並非許多學校的常態。確實有些學校很不智的促成一種「獨立作業」的風氣，把學術上的自由轉譯成「讓我關起門來做我的事」。即使是在協同合作型的學校文化裡，教育者還是傾向避免批評彼此的教學實務做法。但我們都知道，回饋意見對改進實務是必要的，對新手和資深老師來說，同僑們誠實、具體、描述性的回饋意見是無比珍貴的。因此，我們建議，在專業學習社群的正式運作機制中，必須要包含同僑相互檢視彼此的課程計畫的機會。

　　當然，任何同事檢視回饋的歷程都應該遵循一套大家同意的規則和一組檢視的判準，使得回饋意見是以標準為主，而非針對個人。在《重理解的課程設計指引手冊：創造和檢視教學單元的進階概念》（Wiggins &

McTighe, 2012）一書中，有一個模組在描述說明這種結構化、以明確的設計標準為基礎的同儕檢視歷程。就是在這種同儕檢視的情境中，反思型問題才得以應用。下列舉例說明核心問題如何應用在結構化的同儕檢視和單元計畫的指導原則：

這個單元計畫有多少程度——
- 對應、符合相關的標準、願景或課程目標？
- 指向學生真實表現出遷移應用的長期目標？
- 聚焦在重要的、可遷移應用的概念想法？
- 找出相關的、開放式和激發思考的核心問題？
- 包含有效的評量，能針對所有預定目標提供足夠的、令人信服的證據？
- 包含需要遷移應用的實作表現任務？
- 以適當的評鑑標準或準則來做開放式的評量？
- 安排能幫助學生達成預定單元目標的學習事件和教學？
- 所有的活動和評量都能連貫性的對應單元目標？

在有過幾次機會接受同儕回饋，以及扮演批判諍友的角色之後，老師們開始內化這些問題，自己做單元計畫時也會變得更深思熟慮。我們的經驗也告訴我們，在安全的 PLC 環境中，只要這些有用的回饋和指導原則曾經產生實質效益，老師們就可能會尋求更多這類型的同儕互動。

◎ 學生作品分析者

全球各地都鼓勵教育者使用學生實際表現的資料，做為教學決定和學校改進計畫的基礎，但所謂的資料通常是來自外部（如各州或國家）測驗的結果。雖然這些標準化測驗確實會提供一些關於學生成就的資料，但這

種一年一度的「快照」缺乏足夠的細節，也無法及時提供回饋和指引教室
學校層級持續改進的行動方向。更健全的學校改進之道，需要教職員**持續**
分析學生整體表現，從各種資料來源當中不斷檢視**一系列**可信的資料。用
比喻來說，我們需要的是證據相簿——包含傳統測驗的結果，**以及**從學生
日常作業和各類評量任務收集而成的作品集。

　　當老師們在類似 PLC 角色的團體（如：學年和學科領域會議）聚
會，以評鑑各種評量結果的時候，他們會開始找出學生的優點和需要改善
之處，找到大致的趨勢和模式。我們之前出版過如何評鑑和分析學生作品
的指引式問題，以及改善學習結果的調整計畫（Wiggins & McTighe,
2007），請考慮這些問題：

- 這些是我們期望的結果嗎？為什麼是？為什麼不是？
- 有任何出人意料之外的驚喜嗎？有任何反常現象嗎？
- 這個作品顯示了有關學生學習和表現的哪些事情？
- 有什麼明顯的優缺點模式／**趨勢**？
- 顯示學生有什麼迷思概念？
- **學生要表現多好才算是「夠好了」**（如：表現標準）？
- 老師、團隊、學校和學區層級的哪些行動，能改進學生的學習和
  表現？

　　經常使用這樣的問題來檢視學生的作品，老師們會適當的把焦點放在
更大的學習目標（包含理解、遷移應用、心智習性），同時避免固著在標
準化測驗分數上。經常運用這種協同探究歷程，會提供燃料讓學校持續改
進，同時也建立一種結果導向、專業增能的文化。

◎ 行動研究者

　　一種特別有影響力又健全的專業探究形式是行動研究（action research, AR）。行動研究涉及持續不斷的協同探究教與學的種種事務，跟 PLC 的結構非常適配。行動研究的歷程能為團隊培力增能，找出問題所在，並形成解決方法，同時也培養同事之間一起設法改進學校的文化。行動研究有個基本假設：當地的教育者，而非只是外來的專家，最清楚學校哪裡需要改進，以及如何改進。不像那些追求學位的研究生或需要發表的學者研究員所做的（有時）深奧難懂的研究，行動研究計畫是由實務教育團隊人員發起和執行，而且計畫的焦點放在相關的學習議題上。

　　在根本基礎上，行動研究提供教育專業探究一個結構化的歷程。以下摘要歸納行動研究的七個階段歷程：

　　1. 找出你和你的團隊特別感興趣或疑惑的一個教學上的議題、問題、挑戰或異常狀況，並把它與一個核心問題連結起來。例如：

　　核心問題：我們學生的思考能力如何？我們要如何提升他們的批判思考能力和習慣？

　　挑戰：我們觀察到八年級學生普遍都不是批判思考者；也就是說，要他們了解自己是何時以及如何被看到、聽到的東西所說服或操控，是有困難的。

　　2. 一旦選定了議題，設法發展出一個更集中焦點的探究問題。

　　舉例：我們如何發展出一系列的學習活動，應用各種文本和媒體當作例子，讓八年級學生認識各種不同的廣告宣傳和說服大眾的技巧；學習如何更批判性的思考他們所讀到、聽到、看到的東西；並且學習如何避免受到操控？

　　3. 形成一個假設。

舉例：應用多種文本和媒體，加上引導式教學（如：分析廣告宣傳技巧和批判思考程序），我們可以增進學生的批判思考能力。

　　4. 在此假設條件之下，找出你們要收集的相關資料。從幾個相關的資料來源選擇資料（三角檢證），可以做更有信效度的推論。

　　舉例：我們會創造一些實作表現任務，要求學生批判性的評價印刷品和媒體資料（如：廣告、讀者投書、政治選舉宣傳廣告和其他試圖說服大眾的文本），並運用批判思考準則來判斷他們的回應。我們會使用非正式的放聲思考，來聆聽學生如何分析宣傳說服技巧及其影響。我們會用 Ennis-Weir 批判性思考書寫測驗的一些題目來評量。我們也會要求學生應用一項或多項指定的宣傳說服技巧，來寫出一篇說服性的文章，並且以宣傳說服力的準則來判斷他們的作品。

　　5. 收集、組織與呈現資料。

　　6. 分析資料，找出其中的趨勢或模式，詮釋討論結果。這代表什麼？這樣的結果告訴我們什麼？

　　7. 總結你們的發現。根據我們的發現和學習，我們將會採取什麼行動？有什麼新問題出現嗎？我們可能要進行什麼新的探究？

　　當然，你們學校或 PLC 所有的行動研究並非都需要遵循這麼正式的歷程。實際上，我們建議一開始先試用表 7.1 所列的一、兩個比較簡單的探究問題。

　　當學校和教師團隊應用核心問題來檢視提出來的行動方案，進行批判諍友的同儕回饋，在團隊中檢視學生作品，並執行行動研究探究時，他們正在兌現自己的諾言，說到做到——這是真正專業主義的品質保證。

　　就像表 7.1 各種建議所顯示的，有意圖的透過核心問題來嘗試形塑成人之間的對話討論，確實能夠實質改善學校整體的文化氛圍，而且，我們在前面章節裡建議如何實施核心問題的種種做法，顯然也可以平行應用在

成人的互動當中，比如表 6.5（頁 145～147）總結歸納的元素，也可以應用在建立提問的組織文化上。

表 7.1 以核心問題開始行動研究的想法

追蹤一個學生
這個學生真實的經驗是什麼？
隨機選出一個學生，然後跟著這個學生一整天。當你「穿著學生的鞋走路」時，設身處地的想一想這些問題：**學校的功課有趣嗎？無聊嗎？學生是否在他們學習的事物當中，看到目的和關聯性？他們在探索重大概念嗎？你對於他們的學校經驗的印象是什麼？**記錄下來，在下次的教職員或 PLC 會議上，報告你的觀察和省思。
監控提問策略
我們提問的狀況如何？
監控你在教室中提問的狀況。**我的問題當中，有多少比例是要求事實記憶？應用？評鑑？提出不同類型的問題，結果如何？當我使用各種後續的探究策略，如等待時間、追問想法、魔鬼代言人等等，發生了什麼事？**把你的教學錄影下來，或是拜訪其他老師的教室並記錄他們的提問策略，然後分享你的發現。
複製《一個稱為學校的地方》的研究
學生什麼時候最感興趣、最投入學習？為什麼？
重做 John Goodlad（1984）的經典研究，調查哪些課程是學生覺得最有興趣、最投入的（以及為什麼）、最值得的（以及為什麼）、最具挑戰性和最不具挑戰性的……等等。和其他的教職員分享你的發現。

表 7.1 以核心問題開始行動研究的想法（續）

調查你的畢業生
我們的畢業生準備好了嗎？
聯絡目前的高中畢業生，請他們描述一下從幼兒園到十二年級的學校教育，是否幫助他們具備知能去面對未來升學和工作職場？有多少程度的幫助？**他們在哪些方面具備了良好的知能？學校可以在哪些方面幫助他們擁有更好的知能？**向老師和行政人員呈現調查結果並做討論。

調查目前的學生
學生有多了解學校或課堂的重點？
學生了解學習目標和優先重點嗎？如果你問這些問題，他們會怎麼回答：**你為什麼做現在正在做的這件事？昨天的上課內容跟今天的上課內容有什麼關係？你預測明天你會做什麼？你對這個單元的長期目標是什麼？你的學習狀況會如何被評量？**比較你和其他老師的調查結果，討論這些發現代表的意涵。

檢視評分和成績單制度
我們的評分和成績單制度跟我們（所有）的目標有多少程度相一致？
針對目前的評分和成績單制度，調查學生及家長的意見。**他們認為分數和成績單的呈現容易了解嗎？有多少了解？老師們之間的評分標準是否一致？公平嗎？能夠準確的溝通傳達學生的表現、進展和做事習慣嗎？**編輯並報告你的調查結果，討論這些發現對於目前做法的啟示。

結論

　　我們建議,你要虛懷若谷但意志堅決。想要讓核心問題和更上層的探究焦點完全深入教室及學校生活中,可能需要日常規範和行動上的巨大改變。如同我們在前面的章節說過的,一定要重新塑造教室和組織文化,因為現今的教育世界,充滿了傳統的角色,教師們孤立疏離,課程沒有重點優先順序,趕完內容進度的教學(因此造成學生的被動),為考試而準備的壓力,還有永遠佔第一位的成績評分,所以我們想要的情境條件很少會自然出現。幸運的是,我們還有一些理想的期望、結構和教學方法,只要讓它們就位,就更有可能形成探究的文化。因此,當教育者以目的明確、敏於覺察和堅持到底的方式來行動,找出那些沒有益處的傳統,並且用支持探究的日常作為來取代,這樣,探究的文化就會發生。

參考文獻

Adler, M. J. (1982). *The Paideia proposal: An educational manifesto.* New York: Macmillan.

Adler, M. J. (1983). *How to speak how to listen.* New York: Collier-Macmillan.

ASCD. (2012). Understanding by design: An introduction. [PD Online course]. Alexandria, VA: Author.

Bateman, W. (1990). *Open to question: The art of teaching and learning by inquiry.* San Francisco: Jossey-Bass.

Bergmann, J., & Sams, A. (2012, April 15). How the flipped classroom is radically transforming learning [blog post]. Retrieved from http://www.thedailyriff.com/articles/how-the-flipped-classroom-is-radically-transforming-learning-536.php

Boydston, J. A. (2008). *The middle works, 1899–1924/ John Dewey.* Carbondale, IL: Southern Illinois University, p. 162.

Bruner, J. (1960). *Process of education: A landmark in educational theory.* Cambridge, MA: Harvard University Press.

Bruner, J. (1965). The growth of mind. *American Psychologist, 20*(17), 1007–1017.

Caplan, J. (2006, October 2). Google's chief looks ahead. *Time.* Retrieved from http://www.time.com/time/business/article/0,8599,1541446,00.html

Common Core State Standards Initiative. (2001). *Common Core State Standards.* Washington, DC: Council of Chief State School Officers.

Fawcett, H. (1938). The nature of proof: A description and evaluation of certain procedures used in a senior high school to develop an understanding of the nature of proof. *Tenth Yearbook of the National Council of Teachers of Mathematics* (Ch. 4). New York: Teachers College, Columbia University.

Goodlad, J. (1984). *A place called school: Prospects for the future.* New York: McGraw-Hill.

Hattie, J. (2009). *Visible learning: A synthesis of over 800 meta-analyses relating to achievement.* New York: Routledge.

Isaacson, W. (2012, April). The real leadership lessons of Steve Jobs. *Harvard Business Review, 90*(4), 92–102.

Israel, E. (2002). Examining multiple perspectives in literature. In J. Holden & J. Schmit (Eds.), *Inquiry and the literary text: Constructing discussions in the English classroom.* Urbana, IL: National Council of Teachers of English.

Krupa, M., Selman, R., & Jaquette, D. (1985). The development of science explanations in children and adolescents: A structural approach. In S. Chipman, J. Segal, & R. Glaser (Eds.), *Thinking and learning skills—Vol. 2: Research and open questions.* Hillsdale, NJ: Lawrence Erlbaum Associates.

Lemov, D. (2010). *Teach like a champion: 49 techniques that put students on the path to college.* San Francisco: Wiley.

Loewen, J. (1996). *Lies my teacher told me: Everything your American history textbook got wrong.* New York: Touchstone.

Lyman, F. (1981). The responsive classroom discussion: The inclusion of all students. In A. S. Anderson (Ed.), *Mainstreaming digest* (pp. 109–113). College Park, MD: University of Maryland.

Marzano, R., Pickering, D., & Pollock, J. (2001). *Classroom instruction that works: Research-based strategies for increasing student achievement.* Alexandria, VA: ASCD.

Mazur, E. (1997). *Peer instruction: A user's manual.* Upper Saddle River, NJ: Prentice Hall.

McTighe, J. (2008). Making the most of professional learning communities. *The Learning Principal, 3*(8), 1, 4–7.

McTighe, J., & Wiggins, G. (2004). *The Understanding by Design professional development workbook.* Alexandria, VA: ASCD.

Miller, A. (2012, February 24). Five best practices for the flipped classroom [blog post]. Retrieved from http://www.edutopia.org/blog/flipped-classroom-best-practices-andrew-miller

National Art Education Association. (1994). *National standards for arts education.* Reston, VA: Author.

National Association for Sport and Physical Education (2004). *Moving into the future: National standards for physical education* (2nd ed.). Reston, VA: Author.

Newmann, F. (1991). Promoting higher-order thinking in the teaching of social studies: Overview of a study of 16 high school departments. *Theory and Research in Social Education, 19*(4), 22–27.

Newmann, F. M. (1988, March 15). *The curriculum of thoughtful classes.* Paper presented at the annual meeting of the American Educational Research Association. New Orleans, LA.

Next Generation Science Standards. (2012). Retrieved from http://www.nextgenscience.org/

Pagliaro. M. (2011). *Exemplary classroom questioning: Practices to promote thinking and learning.* Lanham, MD: Rowman and Littlefield Education.

Palincsar, A. S., & Brown, A. L. (1984). Reciprocal teaching of comprehension-fostering and comprehension-monitoring activities. *Cognition and Instruction 1*(2), 117–175.

Pearson, P. D., & Gallagher, M. C. (1983). The instruction of reading comprehension. *Contemporary Educational Psychology, 8,* 317–344.

Polya, G. (1957). *How to solve it* (2nd ed.). Princeton, NJ: Princeton University Press.

Raphael, T. E. (1986). Teaching question-answer relationships, revisited. *The Reading Teacher, 39,* 516–522.

Roberts, T., & Billings, L. (1999). *The Paideia classroom: Teaching for understanding.* Larchmont, NY: Eye on Education.

Rothstein, D., & Santana, L. (2011). *Make just one change: Teach students to ask their own questions.* Cambridge, MA: Harvard Education Press.

Rowe, M. (1974). Relation of wait-time and rewards to the development of language, logic and fate control. Part one: Wait-time. *Journal of Research in Science Teaching, 11*(2), 81–94.

Stevenson, H., & Stigler, J. (1992). *The learning gap: Why our schools are failing and what we can learn from Japanese and Chinese education.* New York: Touchstone.

Tobin, K., & Capie, W. (1980). The effects of teacher wait time and questioning quality on middle school science achievement. *Journal of Research in Science Teaching, 17,* 469–475.

Tobin, K. G. (1984, April). *Improving the quality of teacher and student discourse in middle school grades.* Paper presented at the annual meeting of the American Educational Research Association, New Orleans, LA.

Tomlinson, C., & McTighe, J. (2006). *Differentiated instruction and Understanding by Design: Connecting content and kids.* Alexandria, VA: ASCD.

U.S. Department of Health, Education, and Welfare. (1976). *The American Revolution: Selections from secondary school history books of other nations* (HEW Publication No. OE 76-19124). Washington, DC: U.S. Government Printing Office.

Wiggins, G., & McTighe, J. (2005). *Understanding by Design* (Expanded 2nd ed.). Alexandria, VA: ASCD.

Wiggins, G., & McTighe, J. (2007). *Schooling by design.* Alexandria, VA: ASCD.

Wiggins, G., & McTighe, J. (2011). *The Understanding by Design guide to creating high-quality units.* Alexandria, VA: ASCD.

Wiggins, G., & McTighe, J. (2012). *The Understanding by Design guide to advanced concepts in creating and reviewing units.* Alexandria, VA: ASCD.

Wiliam, D. (2007, December–2008, January). Changing classroom practice. *Educational Leadership, 65*(4), 36–42.

附錄：附註之參考書目

■ Adler, M. J. (1982). *The Paideia proposal: An educational manifesto*. New York: Macmillan.

　　Adler 先說明三種不同的教學法：內容教學，透過小型研討會（seminar）協助建構意義，以及技能輔導訓練。然後他深入細談小型研討會的教學法。

■ Ball, W. H., & Brewer, P. (2000). *Socratic seminars in the block*. Larchmont, NY: Eye on Education.

　　這本書先談長時段排課（block scheduling）能勻出額外時間的好處，接著探討如何在長時段排課時間運用蘇格拉底式問題研討會。

■ Bateman, W. L. (1990). *Open to question: The art of teaching and learning by inquiry*. San Francisco, CA: Jossey-Bass.

　　Bateman 論述，相較於直接教學，以有效的課堂問題來組織的探究教學能更有效的激發學生的好奇心和參與度。

■ Copeland, M. (2005). *Socratic circles: Fostering critical and creative thinking in middle and high school*. Portland, ME: Stenhouse.

　　Copeland 論述蘇格拉底式問題研討會能夠提升閱讀理解、課堂討論和批判思考，他也提供成功融合蘇格拉底式問題研討會到教學情境中的建

議和策略。

■ Daniels, H., & Steineke, N. (2004). *Mini-lessons for literature circles.* Portsmouth, NH: Heinemann.

這本書的第五章焦點是：問題在教室裡的角色，很清楚的列出一連串的定義──對教師和學生來說──什麼是強而有力的問題，以及什麼不是。兩位作者也闡述了討論與追問的探索和實施，可以提升學生的學習表現。

■ Dantonio, M., & Beisenherz, P. C. (2001). *Learning to question, questioning to learn: Developing effective teacher questioning practices.* Boston: Allyn and Bacon.

這個研究重點在「發展有效有用的教師提問做法」，提供了理論和實務兼具的建議，以改善教室裡的提問。

■ DeZure, D. (1996, September). Asking and answering questions. *Whys and Ways of Teaching, 7*(1), 1-10.

這篇文章探討決定問題能否成功的幾個因素（如：依據 Bloom 的目標分類法來看我們「提問的問題類型」、「提問的社會文化面向」等等），並提供建議如何處理和改進教室裡的提問方法。

■ Dillon, J. T. (1988). *Questioning and teaching: A manual of practice.* New York: Teachers College Press.

Dillon 從當時所有的研究結果做全面的分析，並分別從老師和學生方面來考量教室裡提問的角色及效果。

■ Dillon, J. T. (2009). The questions of curriculum. *Journal of Curriculum Studies, 41*(3), 343-359.

Dillon 提出，提問的角色並不僅限於教室中師生之間的關係，提問也必須是課程計畫和課堂內容呈現時的一個必要元素。他的研究探討了有效課程當中必須具有的三個層級的問題。

■ Finkel, D. L. (2000). *Teaching with your mouth shut.* Portsmouth, NH: Boynton/Cook.

　　這本書，特別是第四章提出來的探究取向教學模式，探討的是教室裡老師和問題的角色。

■ Gall, M. (1984, November). Synthesis of research on teachers' questioning. *Educational Leadership, 42*(3), 40-47.

　　Gall 闡述高層次的認知問題比事實性問題更能影響好的學習，她也提出有效的課堂教學是老師和學生都提問問題的課堂。

■ Hannel, G. I. (2003). *Highly effective questioning: Developing the seven steps of critical thinking.* Phoenix, AZ: Author.

　　Hannel 和一群編輯合作，提出一種提問方法學，能讓教師將提問的目的從學生評量改變為學生參與。

■ McComas, W. F., & Abraham, L. (2004, October). *Asking more effective questions.* Los Angeles: USC Center for Excellence in Teaching, University of Sourthern California.

　　兩位作者創造了一個問題類型分類法──低層次和高層次；聚斂性和擴散性──以改進教室問題的有效性。他們認為教育者必須先問自己為什麼提出這個問題（換言之，提出這個問題，他們是希望達成什麼目標？），並且依據他們的目標來選擇問題類型。

■ Morgan, N., & Saxton, J. (2006). *Asking better questions* (2nd ed.). Markham, Ontario, Canada: Pembroke.

這本書以分類問題和教室場景來揭開提問的主題，作者們認為，較為複雜的提問觀點可以讓問題運用得更適當也更有效。

■ Raphael, T. E., Highfield, K., & Au, K. H. (2006). *QAR Now: A powerful and practical framework that develops comprehension and higher-level thinking in all students.* New York: Scholastic.

這個文本探討課堂問題和學生閱讀理解能力之間的關係，說明其間的正向關係，以及如何在課堂上更有效融合運用問題的實用方法。

■ Tienken, C. H., Goldberg, S., & DiRocco, D. (2009, Fall). Questioning the questions. *Kappa Delta Pi Record, 46*(1), 39-43.

這篇文章定義何謂有效提問，簡要介紹問題研究的歷史，並提供建議策略，以改進教室裡的有效提問，以及它預期達成的結果──學生的參與和投入。

■ Walsh, J. A., & Sattes, B. D. (2011). *Thinking through quality questioning: Deepening student engagement.* Thousand Oaks, CA: Corwin.

Walsh 和 Sattes 呈現一個提問架構，並提供許多改變教學的實用策略，同時也追蹤有效問題可能帶來的教室改變。

■ Wilen, W. W. (Ed.). (1987). *Questions, questioning techniques, and effective teaching.* Washington, DC: NEA Professional Library.

這本選集收集了幾位作者撰寫的九個章節，探討提問的技術以及主動學習和被動學習之間的關係。

■ Wilkinson, I. (2009). Questioning. *Education.com.* The Gale Group. Retrieved from http://www.education.com/reference/article/questioning/

Wilkinson 提供簡短的總結目前有關提問的幾個研究主軸，以高層次

和低層次來探討提問，同時也探討趨勢走向——焦點逐漸從「問題是分別獨立的事件」轉變為「問題是潛藏在更大的時空情境架構中」，以及從老師提問轉變為學生提問。

國家圖書館出版品預行編目（CIP）資料

核心問題：開啟學生理解之門／Jay McTighe, Grant
　　Wiggins 作；侯秋玲，吳敏而譯. --初版. --新北市：
　　心理, 2016.11
　　　面；　公分. --（課程教學系列；41327）
　　譯自：Essential questions: opening doors to student
understanding
　　　ISBN 978-986-191-741-2（平裝）

　1. 問題導向學習　2. 問題教學法　3. 課程規劃設計

521.422　　　　　　　　　　　　　　　　105019435

課程教學系列 41327

核心問題：開啟學生理解之門

作　　者：Jay McTighe、Grant Wiggins
譯　　者：侯秋玲、吳敏而
執行編輯：林汝穎
總 編 輯：林敬堯
發 行 人：洪有義
出 版 者：心理出版社股份有限公司
地　　址：231026 新北市新店區光明街 288 號 7 樓
電　　話：(02) 29150566
傳　　真：(02) 29152928
郵撥帳號：19293172 心理出版社股份有限公司
網　　址：https://www.psy.com.tw
電子信箱：psychoco@ms15.hinet.net
排 版 者：菩薩蠻數位文化有限公司
印 刷 者：辰皓國際出版製作有限公司
初版一刷：2016 年 11 月
初版十刷：2022 年 8 月
I S B N：978-986-191-741-2
定　　價：新台幣 200 元